W9-CFJ-533

WITHDRAWN

RECUPERA TU PASADO, SANA TU FUTURO

Sylvia Browne

con

Lindsay Harrison

Recupera tu pasado,
sana tu futuro

Muchos de nuestros problemas tienen
su origen en vidas pasadas

U R A N O

Argentina - Chile - Colombia - España
Estados Unidos - México - Uruguay - Venezuela

Título original: *Past Lives, Future Healing*
Editor original: Dutton, a member of Penguin Putnam Inc., Nueva York
Traducción: Alicia Sánchez Millet

First published in the United States under the title *Past Lives, Future
Healing* by Sylvia Browne with Lindsay Harrison.

© 2001 *by* Sylvia Browne
   Published by arrangement with Dutton, a division of Penguin
   Putnam Inc.
© de la traducción 2002 *by* Alicia Sánchez Millet
© 2002 *by* Ediciones Urano, S. A.
   Aribau, 142, pral. - 08036 Barcelona
   www.mundourano.com
   www.edicionesurano.com

ISBN: 84-7953-513-X
Depósito legal: B. 38.849 - 2002

Fotocomposición: Ediciones Urano, S. A.
Impreso por Romanyà-Valls, S. A. - Verdaguer, 1 - 08786 Capellades
   (Barcelona)

Impreso en España - *Printed in Spain*

Dedicatorias

De Sylvia:
A Lindsay Harrison,
que no sólo es mi mejor amiga y coautora,
sino mi alma gemela.
Y a todos los seres queridos,
de aquí y de El Otro Lado,
que han creído en mí.

De Lindsay
A mi querida alma gemela, Sylvia Browne,
que al escribir primero la dedicatoria,
me ha dejado sin nada que decir, salvo «ídem»,
y la siguiente modesta frase,
en mi nombre y en el de otros muchos:
«Damos gracias a Dios por vosotros».

Índice

Introducción

Este libro nos aclara de qué modo cada día que vivimos sufrimos los efectos de un poder o fuerza denominada memoria celular, que surge de las vidas que hemos vivido anteriormente.

Aquí descubrirás exactamente el cómo y el por qué del funcionamiento de la memoria celular.

Leerás muchas historias de mis clientes sobre sus viajes al pasado para descubrir las fuentes de algunos de sus más profundos problemas, así como de sus mayores talentos y motivos de gozo no expresados.

A través de las historias hallaremos la clave para que, a partir de hoy mismo, cambiemos nuestra vida de forma espectacular para mejorar, a través de desbloquear nuestros registros celulares, acoger los que nos enriquecen y liberar los que nos han venido pesando durante mucho más tiempo del que podíamos haber imaginado.

Estas historias han sido seleccionadas entre, literalmente, miles de regresiones que he realizado en mis veinticinco años de estudios intensivos sobre reencarnación y memoria celular. Aunque todas las historias son ciertas y están documentadas, quiero aclarar que la intimidad y el anonimato de mis clientes son sagrados para mí y que en este libro no he utilizado ninguno de sus nombres reales.

También quiero añadir una observación para los escépticos y los críticos a quienes parece encantarles atacar por sistema todo libro sobre espiritualidad y vidas pasadas, y a todos los que creemos apasionadamente que en el momento de la creación existió, existe y existirá la eterna supervivencia del alma:

Ruego que por favor seáis escépticos. Sed críticos. No sólo lo recibiré de buen agrado, sino que os animo a serlo, siempre que contempléis estos temas y a quienes escribimos sobre ellos con una mentalidad abierta, y que en vuestra crítica ofrezcáis a la sociedad algo igualmente creíble, esperanzador, reconfortante y reverente en que creer en su lugar. Sentémonos a una mesa, cara a cara, con cámaras filmándonos si lo deseáis, y hablemos. Yo aportaré mis cuarenta y ocho años de estudios, investigaciones, lecturas, regresiones a vidas pasadas, viajes alrededor del mundo y conocimientos adquiridos en cursos de religión comparada. Aportaré mi investigación intensiva de veintiséis versiones de la Biblia, así como de las enseñanzas de Buda y Mahoma, el Corán, el *Libro egipcio de los muertos*, el *Bhagavad Gita*, obras de grandes personalidades, desde Carl Jung hasta Joseph Campbell, desde Edgar Cayce a Harold Bloom, Elaine Pagels y Eileen Garret, desde la vida de Apolonio de Tiana a las filosofías de los esenios, del sintoísmo, de la Sociedad Teosófica y de los Rosacruces. Y por último, pero sin duda no por ello menos importante, aportaré un genuino interés en vuestro punto de vista, una vida sincera dedicada a utilizar los dones que Dios me ha dado por servirle lo mejor que sé, y la confianza de que puede que tengáis algo valioso que enseñarme. Si traéis algo más que cinismo, por favor considerad esto como una invitación en firme por mi parte y la garantía de que estaré esperando nuestro encuentro.

Si os estáis preguntando —y bien podría ser—, «¿a qué viene esto?», os diré que no hace mucho estaba en un estudio grabando una entrevista para un popular programa televisivo de noticias tipo *magazine*, cuando uno de los productores me dijo que en mi sección también intervendrían dos psiquiatras que pensaban que todo mi trabajo y escritos sobre El Otro Lado, el mundo del espíritu y las vidas pasadas era perjudicial para la sociedad, porque esto eran sólo «fantasías para sentirse bien y para que la mente posponga o interfiera el proceso de duelo». Le dije que me alegraba de que hubiera invitado a quienesquiera que fuesen esos dos psiquiatras (nunca me dijeron sus nombres) y que me encantaría hablar con ellos. Imaginad el chasco que supuso para mí que me dijeran que no los iba a conocer y que tampoco podría hablar con ellos. Aparecerían al final de la sección —en otras palabras, cuando yo hubiera terminado—, para ofrecer «sus puntos de vista opuestos». Le pedí al productor que reconsiderara su postura, que al menos me dejara conocerlos y enfrentarme a mis «acusadores» para debatir sus opiniones y refutar sus argumentos; pero no, eso no era negociable. «No es buena televisión», creo que así fue como lo dijo. Y con eso, terminé la entrevista dándoles las gracias a los organizadores por haber pensado en mí y me marché.

¿Acaso pensaba que no podía hacer frente a las críticas? Lo dudo. Tras medio siglo como vidente sin pelos en la lengua y como figura pública, dudo que haya alguna crítica que no haya escuchado o acusación que no me hayan hecho. En realidad, por razones que todavía no he llegado a comprender, este último año se ha convertido en algo normal que se me acerquen personas totalmente desconocidas para mí, en la calle o especialmente en un restaurante, cuando estoy intentando cenar tranquila, y me digan: «¡Vaya, nunca pensé que fueras tan guapa al natural! En televisión no sales muy favorecida». Tengo una larga lista de testigos que jurarían que cada vez me hacen reír. Pero insisto en tener una oportunidad para responder a las críticas, en lugar de dejar que algún «experto» que ni siquiera me conoce diga la última palabra, sin tan siquiera tener la cortesía de mantener una discusión cara a cara. No os quepa duda de que la tendría. Si realmente quieres que a alguna persona humanitaria se le pongan los pelos de punta, acúsala de hacer algo «perjudicial para la sociedad».

No, la falsa esperanza hace daño a la sociedad. Lo que he ofrecido en mis otros libros y en éste es lo que creo con toda mi alma y corazón, en lo más profundo de mi espíritu, que es —literalmente— la honesta verdad de Dios.

Hay una cita de Teddy Roosevelt que me encanta, que siempre llevo junto a mí y que me gustaría compartir con vosotros, no sólo en mi nombre sino también en el vuestro, porque creo que es un mensaje extraordinario para que todos lo recordemos y lo pongamos en práctica:

> *No es el crítico lo que cuenta, ni quien señala cómo ha tropezado el hombre fuerte o cómo podía haberlo hecho mejor el hacedor de buenas acciones.*
>
> *El mérito pertenece a quien está realmente en el ruedo; cuyo rostro está sucio de polvo, sudor y sangre; que se esfuerza valientemente; que comete errores y que se queda corto una y otra vez; que conoce los grandes entusiasmos, las grandes devociones, y se dedica a una causa noble; que en el mejor de los casos al final llega a conocer el triunfo de un gran logro; y que en el peor, si fracasa, al menos lo habrá intentado de verdad, por lo que su lugar nunca se encontrará entre aquellos de almas frías y tímidas que no conocen victoria ni derrota.*

A mi querida familia, amigos, colaboradores, clientes, oyentes, colegas, a aquellos que están arriba y que todavía han de venir, y a los escépticos de mentalidad abierta de todas partes, con quienes me identifico orgullosamente en ese ruedo. Gracias, os amo, que Dios os bendiga.

Sylvia C. Browne

PRIMERA PARTE

Los misterios
de la memoria celular

PRÓLOGO

Ya había oscurecido y hacía frío, era el final de un largo día, y me disponía a marcharme de mi consulta con la esperanza de llegar a casa antes de que estallara la tormenta. Estaba despidiéndome de mis empleados cuando me di cuenta de que Michael, mi asistente, estaba atendiendo una llamada que era evidente que le preocupaba. Me miró y me dijo con los labios el nombre de una cliente, de hacía ya algunos años, a la que recordaba con cariño, y con gestos me hizo entender que estaba llorando. Volví a meterme en mi despacho, cerré la puerta y cogí el teléfono, sin apenas darme cuenta del estrepitoso trueno que hizo temblar la ventana que tenía detrás de mí.

—Robin, soy Sylvia.

—¡Ay, Sylvia! Gracias a Dios que te he encontrado. Eres mi última esperanza, o quizás debería decir nuestra última esperanza. Se trata de mi marido.

Podía sentir el miedo en su voz a medida que una intranquilizadora historia salía de sus labios. Según parece, un día, hacía cuatro años, su esposo Rick, un prestigioso arquitecto paisajista, se marchó como de costumbre al supermercado, volvió al cabo de media hora sin haber comprado nada y, aterrado, se encerró en su dormitorio, y prácticamente se había negado a salir de la casa desde entonces. Él no podía comprender su repentina y desesperada agorafobia, mucho menos explicársela a su esposa o a la serie de médicos y psiquiatras que ella le suplicaba que fuera a ver, y tras gastar miles de dólares en tratamientos y medicación, no había mejorado lo más mínimo. Su pánico a salir de casa, como es natural, le había costado su clientela y su carrera, y estaban al borde de la ruina. Aunque amaba mucho al hombre con el que se había casado diez años atrás, Robin no estaba segura de poder seguir viviendo con ese asustado recluso al que no parecía poder ayudar.

—Por favor, Sylvia —me suplicó entre sollozos—, ya no puedo más, ni él tampoco. De hecho, si esto continúa mucho más, temo que intente quitarse la vida. Sabes que confío en ti, así que dime lo que he de hacer y lo haré.

—¿Puedes conseguir que venga aquí? —le pregunté.

—Olvida el «puedes», lo haré —me dijo—. ¿Cuándo?

—Ahora. Enseguida. Te espero.

Tres horas más tarde Rick y yo estábamos solos en mi despacho mientras afuera llovía a raudales. Estaba extraordinariamente pálido, tenía el aspecto de alguien que había intentado sobrellevar más estrés del que el cuerpo sano que había tenido antaño podía soportar, y sus ojos grises parecían estar bajo el influjo de un oscuro temor que le encogía el alma. Como la mayoría de los clientes que de verdad buscan ayuda, me dejó que le condujera fácilmente a un profundo estado de trance hipnótico y que le devolviera al viaje que había emprendido al supermercado hacía cuatro años, que según parece había sido el desencadenante de su venida abajo. Todo parecía de lo más normal hasta que frunció el entrecejo y añadió: «¡Ah!, y había un niño en la sección de frutería».

Le pregunté qué es lo que estaba haciendo el niño.

—Cogió una manzana y empezó a morderla. Pero su padre corrió hacia él gritando: «¡No te la comas sin lavarla, podrías envenenarte!».

Veneno. Una palabra potencialmente traumática. La apunté en mi cuaderno de notas y le pregunté con calma:

—¿Y supuso eso algo especial para ti?

Hubo un largo silencio, antes de que recordara.

—Se me había olvidado, pero sí, así es. Tenía cuatro años y estaba con mi familia de vacaciones en México. Vi algunos niños jugando al lado del agua de un canal de aguas residuales, o una especie de cloaca, y me fui a jugar con ellos, pero de pronto mi padre me agarró y gritó con todas sus fuerzas: «¡No toques el agua, es veneno!». Recuerdo que en aquel momento me dio un susto de muerte.

El veneno otra vez. Dos veces en una vida. Así como la escena de un padre y un niño. No era necesario ser vidente, ni tan siquiera muy brillante, para asociar estos dos acontecimientos. Pero una reprimenda de un padre a un niño de cuatro años, por espectacular y exagerada que sea, no tiene por qué afectarle tanto. De modo que le repetí:

—¿Supuso eso algo especial para ti? Retrocede un poco más, veamos si puedes atravesar el velo de esta vida y contarme si ha pasado alguna otra cosa.

Por mucho que intuyera que había algo más enterrado en los recuerdos de su espíritu, no podía ayudarle si era yo quien le conducía hasta ellos. Tenía que encontrarlos él solo.

—Mi piel —dijo por fin.

—¿Qué pasa con tu piel, Rick?

—Es morena. Morena tostada.

—¿Eres hombre o mujer?

—Hombre, alto, muy musculoso, tengo el pelo largo y negro y los ojos castaños.

—¿Dónde estás?

—En Sudamérica. Cerca de la costa. En la cima de una colina. Puedo ver el mar a lo lejos desde el patio de mi casa donde ahora estoy sentado.

—¿Qué año es?

Sin dudarlo un momento respondió: «1411».

—¿Estás solo?

Movió la cabeza.

—Mis consejeros están conmigo. Soy azteca. Un gobernante de la realeza. Nos están sirviendo la comida. Hay tensión. Mucha tensión. Nadie habla. El único sonido es el que hacemos al comer. Puedo oír nuestras copas de metal sobre la mesa de piedra.

De pronto, sin previo aviso, se agarró la garganta y empezó a ahogarse violenta y convulsivamente.

—¡Rick! ¿Qué te pasa?

—¡Es como si me abrasara la garganta! ¡Algo de la comida! ¡Oh, Dios mío, me han envenenado! ¡Me estoy muriendo! ¡Estos hombres me han matado!

Me incliné hacia delante y elevé la voz para entrar en su miedo.

—No está sucediendo ahora. Sólo estás observando, estás viendo un momento de tu vida de hace mucho tiempo. Estás a salvo, estás a buen recaudo. Esa es una vida totalmente distinta, no tiene nada que ver con ésta, no tienes nada que temer. En esta vida actual nunca te van a envenenar, nunca más te volverá a suceder.

Mantuve un monólogo firme y afirmativo hasta que la sensación de asfixia de Rick desapareció, sus convulsiones terminaron, y secándose el sudor, volvió cojeando al sofá. Su respiración se fue haciendo más lenta y se tranquilizó. No se preocupó de enjugarse las lágrimas que corrían por su cara y pensé que éstas suponían un gran alivio.

Robin, la esposa de Rick, me miró con ojos de sorpresa cuando salió de mi despacho y le vio sonreír. Sin duda era su primera sonrisa en mucho tiempo, y la llenó de esperanza mientras se abrazaban. Me llamó al cabo de unas semanas para decirme que Rick estaba sano, feliz y que había vuelto al trabajo, sin rastro del pánico que le había apresado durante tanto tiempo.

—Los psiquiatras de Rick no se lo pueden creer —me dijo—. Tenías que haber visto su mirada cuando les dije que a Rick le había curado una vidente.

—Déjame adivinarlo —dije riendo, por haber pasado por esto antes—. El psiquiatra dice que he curado a Rick con una mera sugestión posthipnótica.

—Eso es justamente lo que dijo —me respondió.

—Robin, si lo único que necesitaba Rick era una sugestión posthipnótica, ¿por qué no se la hizo el psiquiatra?

Ella emitió una risita contenida.

—Buena pregunta. Se la transmitiré.

—Mejor aún —le dije—, dile que estoy trabajando en un libro que explica cómo y por qué se ha curado Rick, y que lo único que ha de hacer es leerlo con una mente abierta.

Al psiquiatra de Rick y a todos vosotros, bienvenidos al bendito poder de la memoria celular.

La verdad sobre las vidas pasadas

Quiero que sepáis —no sólo que creáis, sino que sepáis, en lo más profundo de vuestro espíritu, que es donde reside la verdad— que somos eternos. La vida que estamos viviendo ahora no es más que un minúsculo paso en el interminable viaje de la querida alma que Dios creó en exclusiva sólo para nosotros, un paso diseñado por nosotros mismos para alcanzar nuestro mayor potencial. Nuestra vida actual no termina con la muerte. Simplemente el espíritu se liberará de su cuerpo y regresará al Hogar, a la dimensión perfecta más elevada de la que procede y que se llama El Otro Lado.

El milagroso don de la eternidad significa que la singular

esencia que somos, existirá siempre. No estoy sugiriendo que nos convertiremos en algún tipo de no-entidad filosófica e imaginaria cuando este cuerpo desaparezca. Os prometo que siempre seremos seres muy reales, que viviremos y respiraremos como lo hacemos ahora, pensando, sintiendo, riendo, creciendo, cambiando, aprendiendo, amando y siendo amados por Dios en todo momento de nuestra eterna vida. Tal como indica la palabra eternidad, existiremos siempre, lo que también significa que siempre hemos existido.

Esto es un hecho. Hemos estado viviendo desde el principio de los tiempos, en un extraordinario continuo, yendo y viniendo entre la Tierra y El Otro Lado muchas veces. Hemos vivido en la Tierra con muchos cuerpos distintos, en muchas eras y lugares distintos del mundo, bajo muchas circunstancias distintas, para cumplir el propósito que cuidadosamente hemos escogido, según las metas y necesidades que nos hemos marcado para la evolución de nuestro espíritu. Que el término «vidas pasadas» no te induzca a pensar erróneamente que ahora eres una persona que nada tiene que ver con quien eras antes, viva, muerta o renacida. No es así; lo que ahora estás viviendo es simplemente la fase actual de una vida, la misma vida eterna de la que tu espíritu ha gozado y gozará eternamente.

Si te resulta extraño y difícil de imaginar, no has de ir más allá de tu vida presente para que puedas hacerte una idea. Al margen de lo poco o mucho que podamos recordar conscientemente, se puede decir con seguridad que desde que naciste, has sido un bebé que pesaba unos pocos kilos, que no podías caminar, hablar o cuidar de ti mismo; luego fuiste un párvulo que daba sus primeros pasos e intentaba aprender para qué sirve un inodoro; una criatura de cinco años, asustada, excitada, confundida o entusiasmada con su primer día de colegio; un adolescente de trece años que empezaba a experimentar el gran caos propio de esta etapa; cumpliste veinte años y entraste en la etapa adulta con más bravura que sabiduría. En otras palabras, en esta vida has adoptado muchas formas físicas y madurez emocional y has aprendido muchas lecciones. Esas formas, etapas y lecciones no se limitan a suceder para luego desaparecer como si nada. Ese bebé, ese párvulo, esa persona de cinco, trece o veinte años que fuiste, no apareció de pronto y luego dejó de existir. No, en todas ellas, siempre has sido tú, un raro, complejo y sagrado trabajo en proceso a diferencia de cualquier otro espíritu que se haya creado. En el momento en que estás leyendo esto, y en el que yo lo estoy escribiendo, tú y yo somos nada más ni nada menos que la suma total de todos los instantes que hemos experimentado, no importa lo dramáticos o triviales que hayan sido, y seguiremos cambiando y evolucionando, aprendiendo y creciendo con cada instante que experimentemos a partir de este momento.

Ahora da mentalmente un paso de gigante hacia atrás hasta que puedas sentir en tu interior algo de ese vasto y eterno horizonte plagado de estrellas que te haga estremecerte, un flash de este universo infinito del que formas parte. En ese paso atrás, mira tu vida, con todas sus formas y fases, y comprende que no es más que una versión reducida de la vida eterna que estás viviendo como Dios la ha diseñado. Cualquiera que fuera tu aspecto en siglos anteriores, cualesquiera que fueran las etapas de aprendizaje y crecimiento por las que has pasado, cualesquiera que sean las lecciones y cambios que están por llegar, no son más que pasos en el camino hacia el ser más exquisito, iluminado y perfecto que puedes ser, el querido hijo de Dios en cada una de tus respiraciones. Tus vidas pasadas, aquí y en tu Hogar, no son distintas de las etapas de esta vida, son piezas del mismo puzzle, partes de la misma totalidad y, como cualquier otro momento de tu pasado, afectarán a tu vida actual en más formas de lo que te imaginas.

Introducción
a las vidas pasadas

Como muchos de vosotros sabréis, soy vidente de nacimiento, soy de una familia con un legado de trescientos años en este campo. Desgraciadamente, aunque fui dotada por Dios con algo más que mi ración de dotes parapsicológicas, no fui especialmente agraciada con una visión espiritual más profunda de lo normal. Podía ver y oír espíritus y fantasmas con facilidad, así que nunca tuve que cuestionarme la existencia de El Otro Lado y el hecho de que las almas trascienden la muerte. Pero cuando mi abuela Ada, que era mi mejor amiga, mentora, confidente e inspiración, empezó a hablarme de las vidas pasadas, no es que no le creyera, sencillamente no entendía por qué me había de preocupar de ellas. Por una parte había algo que no había comprendido al principio, y es que pensé que las «vidas pasadas» significaban que había sido muchas personas diferentes, lo cual no tenía demasiado sentido para mí —¿cuál podría ser el sentido terrenal de todo ello en el esquema total, cósmico, de las cosas?—. Por otra parte, si había sido una pionera, una cortesana francesa o incluso Cleopatra en una vida pasada (aunque, de hecho, no lo fui), ¿y qué? Hubiera sido quien hubiera sido, seguía teniendo tareas que hacer en la casa, deberes, una horrible madre que aguantar, y más facultades psíquicas de las que podía manejar, así que, si no existía un propósito práctico para este barullo de las vidas pasadas, ¿por qué había de preocuparme de ese tema? En su lugar, centré mis energías en ser vidente, forjar una relación con mi a veces molesta espíritu guía, Francine, probando suerte con las monjas de la escuela católica a la que asistía, e intentando infructuosamente encajar y ser «normal», sea lo que sea lo que eso quiere decir.

En mis libros *The Other Side and Back* y *Life on The Other Side* he escrito largo y tendido sobre mis años como universitaria, estudiando religión, literatura inglesa y psicología con el fin de hacer realidad mi mayor ilusión que era ser profesora. También describo los cursos intensivos de hipnosis que me parecieron tan fascinantes como para sacarme el título de maestra hipnoterapeuta y empezar a utilizar la hipnosis en mis lecturas psíquicas. En esos mismos libros hablo del cliente que vino a verme por un problema de exceso de peso y que bajo hipnosis empezó a hablarme en tiempo presente sobre la construcción de las pirámides, para proseguir emitiendo una larga serie de sílabas sin sentido, que me hizo pensar que me encontraba ante un brote psicótico. Como me moría de curiosidad, envié la cinta a un profesor amigo mío de la Universidad de Standford para que me diera su opinión objetiva, y cuando tres días más tarde me llamó para informarme de que esas «palabras sin sentido» eran en realidad un fluido monólogo de un antiguo dialecto asirio, que muy bien podría haber sido el de los constructores de las milenarias pirámides en Egipto, me quedé conmocionada.

Mi abuela Ada me había hablado mucho sobre las vidas pasadas, al igual que Francine, mi espíritu guía. Espiritual, filosófica y psíquicamente ya sabía que nuestras almas son eternas, lo cual sin duda guarda coherencia con la idea de la reencarnación. Pero no fue hasta esa tarde gris, hace veinticinco años, cuando vi a ese hombre tímido y sincero narrar espontáneamente una vida del siglo VII a.C., que empecé a apasionarme sobre el tema de la reencarnación y me dediqué exhaustivamente a su investigación. Leí todo lo que llegaba a mis manos sobre este tema y estudié con hipnoterapeutas experimentados en el área de las regresiones a vidas pasadas, decidida a no volver a sentarme delante de un cliente sin saber qué hacer, si éste aprovechaba la oportunidad de la hipnosis para viajar al pasado. Aprendí a guiar con seguridad a mis clientes hacia la inmensa riqueza enterrada en su propia historia, a la vez que me aseguraba de que el cien por cien de la información que me revelaban procedía de ellos, no de mí. Y para mi sorpresa, pronto descubrí que la información que desenterraban era fascinante e increíblemente exacta.

Por aquel entonces había reunido y formado a un reducido e incansable equipo de colaboradores, que formalicé al crear la Nirvana Foundation of Psychic Research. Una cosa que quise establecer desde el principio de nuestra investigación sobre regresiones a vidas anteriores fue averiguar si esas vidas pasadas eran válidas o no. Si mis clientes utilizaban las sesiones para soltar una fuente de detalladas fantasías llenas de color, a mí no me importaba. Pero no iba a poner en peligro mi credibilidad narrando a mis colegas parapsicólogos, psiquiatras y comunidades médicas cuentos de hadas como si fueran realidad. Pronto me impuse la rigurosa regla de que no documentaría o informaría de ninguna vida pasada de un cliente, a menos que pudiéramos verificar meticulosamente que esa vida había tenido lugar realmente. No era tarea fácil —pues hablo de muchos años antes de los ordenadores y de Internet—, pero investigamos a fondo en los registros públicos de todo el país y en los sorprendentes archivos de San Bruno, en el norte de California. Cuando una de las personas hipnotizadas describió una vida como Margaret Dougherty, en Boston, en el año 1801, casada con un zapatero y con tres hijos, desestimamos su historia considerándola una ficción hasta que pudiéramos probar que una mujer llamada Margaret Dougherty había vivido realmente con su esposo zapatero y sus tres hijos, en Boston y en ese año. Una y otra vez, surgían de mis clientes vidas pasadas verificables, y me convencí sin sombra de duda de que todos hemos vivido en esta Tierra muchas veces y que tenemos claros recuerdos de esas vidas, que quedan ocultos por razones de seguridad en nuestras mentes subconscientes, a la espera de ser liberados.

Mediante regresiones documentadas a vidas pasadas, probé que nuestros espíritus nunca mueren, lo cual fue más que suficiente para satisfacerme. No tenía ni idea de que no había hecho más que arañar la superficie de la importancia que tienen las vidas pasadas. De hecho, incluso cuando empecé a ser testigo de los milagros que esas vidas pasadas revelaban, necesité que Francine, desde su asiento en primera fila en El Otro Lado, me explicara lo que estaba sucediendo.

El milagro de las vidas pasadas

De modo que allí estaba yo, encantada conmigo misma por el volumen único de regresiones a vidas pasadas confirmadas en mis archivos y la confirmación de la eternidad de nuestras almas, cuando un cliente que se llamaba Henry vino a mi despacho con un collarín para las cervicales. Padecía dolores crónicos y espasmos en el cuello desde los treinta y pocos años, y me explicó que se había gastado miles de dólares en médicos y que la única respuesta de todos ellos era que no tenía nada. Había venido a verme para que le hiciera una lectura psíquica respecto a un posible cambio de carrera, pero con su permiso le hipnoticé para conseguir la relajación y el alivio tan necesarios antes de comenzar con mi tarea. Casi sin que me diera cuenta me estaba hablando de su vida en Francia en el año 1790, donde al ser un joven viudo que no tenía nada que perder se convirtió en un atrevido y entusiasta soldado de la Revolución Francesa, hasta que fue ejecutado en la guillotina a los treinta y tres años. Ambos nos quedamos especialmente conmovidos al constatar que la mujer que el amó y perdió en esa vida más de doscientos años atrás, era la misma mujer con la que estaba felizmente casado en esta vida, lo cual explicaba el porqué los dos supieron de «algún modo» en el momento en que se conocieron que se pertenecían el uno al otro.

Tres semanas más tarde hablé en un acto benéfico, y la primera persona que me saludó cuando salí del estrado fue Henry, con un aspecto totalmente sano y más cómodo sin su collarín. Parecía que su dolor había disminuido mucho al día siguiente de venir a verme, y al cuarto día se sintió totalmente recuperado por primera vez en muchos años, hasta el punto de que su esposa y él habían realizado una pequeña ceremonia en la que habían quemado su collarín en la chimenea. Él estaba maravillado, y yo también. La única que no lo estaba era Francine, mi espíritu guía, quien estoy segura que estaba observando todo esto con un gran alivio, asombrándose de lo obvio que tenía que ser algo para que yo fuera lo bastante inteligente para darme cuenta de que la suma de dos más dos hacen cuatro.

Si ya sabes por donde voy, significa que llevas mucha ventaja respecto a mí en aquellos tiempos. El dolor de cervicales crónico le comenzó a poco de cumplir los treinta. Todos los médicos le decían que no tenía nada. Una vida anterior había terminado con una muerte en la guillotina a los treinta y tres años, y cuando lo pusimos al descubierto, el dolor desapareció. ¡Qué casualidad!

«No puedo darte las respuestas a menos que me hagas las preguntas», esa ha sido siempre la política de Francine conmigo. Es más difícil de lo que pensamos dar con las preguntas correctas. Pero esta experiencia con Henry por fin me impulsó a preguntarle una noche: «Me gusta poder probar a mis clientes que no existe la muerte, pero ¿se puede sacar más provecho a las regresiones a las vidas pasadas que el que yo estoy sacando ahora?». Su respuesta de una sola palabra cambió el curso de mi investigación, el enfoque de mi trabajo y la vida de innumerables clientes a partir de entonces.

Me respondió con una sola palabra: «sanación».

Estaba tan entusiasmada con la idea de que se podía sanar a través de las vidas pasadas que no me detuve a preguntarme cómo funcionaba o por qué funcionaba, sencillamente quería probarme a mí misma que así era. Francine nunca me había mentido, ni lo ha hecho todavía, pero tal como ella sabe mejor que nadie, soy una escéptica total que no se arrepiente de serlo. Nunca me he contentado con su palabra o con la de ninguna otra persona respecto a algo. He de experimentar las cosas por mí misma y probarlas una y otra vez antes de convencerme. La curación a través de vidas pasadas no era una excepción.

Desde los mismísimos comienzos de mi trabajo espiritual y de videncia, he gozado de relaciones muy estrechas y estimulantes con los miembros de las comunidades médicas y psiquiátricas, hemos compartido ideas, nos hemos enviado clientes mutuamente e intercambiado teorías y los resultados de nuestras investigaciones. Varios de estos colegas han investigado el tema de la reencarnación junto conmigo, y fue poco después de esta revelación de Francine cuando programamos un seminario de fin de semana para tratar de la verdad o de la ficción respecto a las vidas pasadas y la supervivencia del alma. Pensé que sería un momento tan bueno como cualquier otro para probar una regresión curativa a una vida pasada con algún voluntario de entre los participantes, sin haberlo preparado, sin ensayos, sin guión y, por supuesto, ningún «espontáneo» concertado (¡jamás!) que falsificara la experiencia; sólo yo y una persona totalmente desconocida que quisiera probar una regresión curativa. El resto de los organizadores no estaban tan entusiasmados, y su principal preocupación era: «¿Qué pasará si no funciona?».

Me encogí de hombros y dije: «Pues no habrá funcionado. Pero nunca lo sabremos si no lo probamos, ¿no os parece?».

El auditorio estaba lleno ese fin de semana. He de admitir que, a pesar de que mis colegas y yo éramos amigos desde hacía años, me sentí un poco incómoda cuando hicimos nuestra entrada en el escenario, miré los cartelitos de identificación que teníamos delante de nuestras sillas, que en lo que a mí respecta en aquellos momentos indicaban «doctora en medicina, catedrática, doctora en medicina, catedrática, doctora en medicina, y vidente». Pero nada me relaja tan deprisa como un micrófono y un foro con una mente lo bastante abierta para acudir a un evento de ese tipo.

Escogí intencionadamente al menos entusiasta de los voluntarios para la demostración, un hombre atractivo y con aspecto de triunfador que se presentó con el nombre de Neil, un asesor hipotecario de un barrio de las afueras de Houston. Le expliqué en pocas palabras a él y a la audiencia lo que podía suceder en el proceso de hipnosis, y entonces, justo antes de empezar, le pregunté, sin haberlo preparado, si había algún problema físico o emocional que quisiera abordar mientras estaba en «trance». Me dijo que tenía un dolor recurrente en el pie derecho que nunca le habían conseguido diagnosticar o tratar con éxito, y un temor personal a que las personas que decían quererle le criticaran a sus espaldas diciendo que era un fracasado, lo último que hubieras esperado de un hombre al que parecía irle todo sobre ruedas.

Neil era brillante, sensible y maravillosamente sincero, justo el tipo de persona que me gusta porque estaba segura de que diría la verdad, aunque ésta fuera que no había notado nada y que mis penosos intentos de realizar la regresión habían sido una formidable pérdida de tiempo. Le relajé, le puse en un estado hipnótico y le guié retrospectivamente a lo largo de su vida actual, su muerte en una vida anterior, y luego hasta el centro mismo de esa vida. De pronto, fue como si se hubiera replegado dentro de sí mismo. Su pie derecho empezó a girar hacia dentro. Su voz se volvió fina, con un tono de disculpa, triste y apenas audible. Me dijo que se llamaba Calvin. Tenía doce años, vivía en una granja de Virginia y era el año 1821. Nació con el pie derecho deforme, lo que le convirtió en una vergonzosa carga para sus padres, que habían puesto sus esperanzas en un hijo fuerte y sano que los pudiera ayudar en su trabajo en el campo. Sus compañeros de escuela siempre se burlaban de él o pasaban de él por completo, y sus únicos amigos eran la colección de animales domésticos, de los cuales ninguno parecía pensar que hubiera algo malo en él y le amaban incondicionalmente. Cuando devolví a Neil al presente, todo el mundo estaba llorando.

Entonces, gracias a Francine, antes de «despertarle», añadí por primera vez: «Y cualquier dolor, miedo o negatividad que puedas traer de otras vidas, libéralo y deja que se disuelva en la luz blanca del Espíritu Santo».

Su postura se volvió erguida, su pie retornó a su posición normal y dijo «gracias» con un gesto de preocupación mientras se levantaba y abandonaba el escenario. Era evidente que estaba sobrecogido por su visita a una de sus vidas anteriores, igual que todos los que fuimos testigos de ello. Varias semanas después me llamó para decirme que el dolor en el pie no había vuelto a aparecer, y que apenas pensaba en lo que sus seres queridos pudieran decir a sus espaldas, y que de todos modos eso ya no le preocupaba.

Tras la demostración, mis colegas me hicieron una pregunta que me han hecho miles de veces cada año desde entonces: «¿Cómo sabemos que esa supuesta "vida pasada" no es una mera fantasía que la mente utiliza para aliviar el dolor?». Es una pregunta justa que yo misma me hice cuando empecé con las regresiones. Pero si estas vidas pasadas fueran simplemente una técnica de supervivencia que la mente genera, ¿por qué tengo archivadores llenos de pruebas detalladas de que las vidas «fantásticas» eran muy reales? ¿Y por qué mis clientes iban a «fantasear» sobre vidas pasadas tan invariablemente mundanas?

Sin embargo, la respuesta que se me ocurre más a menudo es: «¿Y qué importa, mientras funcione?». Si una jirafa con lunares de color púrpura puede ofrecerme una sanación auténtica, entraré en la sala montada sobre esa jirafa. A mí me basta con el hecho de que las regresiones a vidas pasadas curen, y también a los miles de clientes cuyas vidas se han liberado de cargas no merecidas y que han permanecido ocultas durante mucho tiempo.

Estaba dispuesta a comprometerme de por vida con el poder curativo de la regresión. No obstante, primero tenía que descubrir cómo y por qué obraba tales milagros.

La memoria celular: el vínculo entre el pasado y el presente

En mis años escolares la biología nunca había sido lo que podríamos llamar una de mis asignaturas favoritas. Así que cuando Francine me dijo que la clave de la sanación en las regresiones residía en algo denominado «memoria celular», me preparé para una cosa demasiado complicada para comprenderla o demasiado aburrida para sentarme a estudiarla. Me volví a equivocar. Conocedora de que yo respondo mejor a la lógica más sencilla posible, me presentó la memoria celular paso a paso:

- Nuestros cuerpos están formados por centenares de miles de millones de células que se relacionan entre ellas.

- Cada una de esas células es un organismo vivo, que respira, piensa y siente, recibe, retiene y reacciona de forma muy literal a la información que le da la mente subconsciente. Bajo hipnosis, por ejemplo, cuando el subconsciente está al mando, si se nos dice que el dedo del hipnotizador es una cerilla encendida y si ese dedo nos toca el brazo, las células del brazo crearán una ampolla, tal como están programadas cuando se produce una quemadura.

- En el subconsciente es donde vive la mente de nuestro espíritu, segura, tranquila y siempre intacta, independientemente de lo sana o enferma que pueda estar nuestra mente consciente.

- La mente de nuestro espíritu recuerda cada instante que ha experimentado nuestra alma, en esta vida y en todas las demás que hemos vivido desde que fuimos creados.

- En el momento en que la mente de nuestro espíritu entra en nuestro cuerpo físico, transmite a sus células toda la información y recuerdos que posee, y éstas a su vez responden de acuerdo a la misma hasta que nuestro espíritu abandona de nuevo el cuerpo y se dirige hacia el Hogar.

- Nuestras células reaccionan de una forma muy real, muy literal, a los recuerdos de esta vida y de las anteriores que la mente de nuestro espíritu les ha transmitido, tanto si nuestra mente consciente lo recuerda como si no.

- De ese modo, al acceder a esas memorias celulares, podemos desprendernos de las enfermedades, fobias, dolores y traumas durante tanto tiempo enterrados, y crear el estado de salud emocional y físico más favorable del que jamás haya disfrutado nuestro espíritu.

La memoria celular es, pues, el conocimiento contenido en centenares de miles de millones de células que actúan conforme a aquél, infundido por la mente del espíritu que habita en ellas, mientras éste recorre su camino a través de la eternidad que Dios nos prometió en el momento de nuestra creación.

Te aseguro que debes haber experimentado una versión menor de la memoria celular, posiblemente sin haberte dado cuenta. Un repentino olor a flores, a colonia o a pan recién horneado, una canción en la radio, la visión de un balancín en un porche, el edredón de un niño o un árbol de Navidad; cualquier número de imágenes sensoriales puede teñir el presente con el pasado, proporcionándote semejante sensación de familiaridad que no sólo recuerdas el pasado con una claridad sorprendente, sino que sientes todas las emociones que sentiste entonces, como si estuvieran pasando de nuevo. Esa misma sensación de familiaridad tangible es justamente lo que nuestro espíritu experimenta cuando se vuelve a encontrar en un cuerpo humano, tras pasar décadas, quizá siglos, en la ilimitada perfección ingrávida de El Otro Lado. La división entre el pasado y el presente se borra a medida que cada célula del cuerpo se impregna con la realidad de otros tiempos y lugares cuando nuestro espíritu ocupaba otro cuerpo humano y, vivas y sensibles como son nuestras células, empiezan a responder a todo lo que perciben como cierto.

De modo que Neil, por ejemplo, el voluntario que se había ofrecido entre el público, había demostrado la memoria celular en acción, incluso antes de que yo misma la comprendiera. Basándose en la información que habían recibido las células de Neil por parte de su espíritu, todos los acontecimientos dolorosos y no resueltos de toda una vida como un niño llamado Calvin eran reales, presentes y todavía válidos para las células del cuerpo que estaba ocupando ahora y que todavía le estaban causando un dolor físico y emocional real y muy presente. Pero tan pronto como la mente de su espíritu halló su camino hasta esa «espina» de su pasado, para que ésta se pudiera extraer, llegó la sanación.

Y por si todavía me quedaba alguna duda sobre el poder de la memoria celular, poco después, cuando Francine empezó a transmitirme su enseñanza al respecto, «casualmente» (sí, cierto) conocí a dos personas que hicieron de ello un tema irrebatible. La primera era Julia, una mujer de poco más de cincuenta años. Un doctor amigo mío hacía poco que le había practicado con éxito un trasplante de riñón, y parece que Julie, que jamás había fumado o probado el alcohol en su vida, se despertó de la anestesia con un intenso deseo de fumar y de tomarse un martini: dos de las pasiones de su donante de riñón. Afortunadamente pude hacer que se liberara de su deseo convenciendo a sus nuevas células mediante hipnosis de que esos anhelos no eran importantes para este nuevo cuerpo en el que estaban albergadas.

El segundo caso fue mucho más espectacular, con un final más feliz del que jamás hubiera podido prever. A Molly, de diez años, le habían hecho un trasplante de corazón procedente de una víctima de una puñalada de diecisiete años de edad que se llamaba David. Meses después del asesinato de David, la policía tenía pocas pistas y ninguna sospecha, cuando Molly empezó a tener pesadillas en las que veía una figura oscura con un pasamontañas esperando escondida con un cuchillo. Mediante la hipnosis, Molly pudo alejarse de su miedo e identificar el rostro de un joven llamado Martin —no era un rostro, ni un nombre conocido para ella, sino que resultó ser un viejo amigo de David—. Se informó a la policía, que detuvo a Martin para interrogarlo, y éste acabó confesando su crimen, todo ello gracias a la memoria celular y su interacción íntima con la verdad que encierra nuestro espíritu.

Por aquel entonces la memoria celular era para mí como me han dicho que el ordenador es para muchas personas: cuanto más aprendía, más me quedaba por aprender y más quería saber. Luego me di cuenta de que no había hecho más que arañar la superficie.

Marcas de nacimiento

Un buen amigo mío, un neurólogo que compartía mi adicción por la investigación, me pidió un día que participara en un estudio que estaba dirigiendo respecto a un posible vínculo entre las marcas de nacimiento y las anomalías congénitas. Él estaba convencido de que las marcas de nacimiento no eran meros caprichos de la pigmentación de la piel y esperaba que yo pudiera hacer un estudio entre mi constante flujo de clientes, mis lecturas psíquicas y las regresiones a vidas pasadas, para ver si descubría alguna conexión entre las marcas de nacimiento y la salud.

Las marcas de nacimiento no eran algo que me quitara el sueño, pero era un pequeño favor que me había pedido un amigo. Si resultara ser cierto, podría suponer fascinantes posibilidades de diagnóstico médico. Aunque, a decir verdad, tenía mis serias dudas, sé que intenté parecer más entusiasmada de lo que en realidad estaba cuando respondí: «Por supuesto, estaré encantada de hacerlo, cuenta conmigo».

Pido disculpas por repetir historias de mis libros anteriores, pero el primero es el primero, y un cliente llamado Billy fue sin duda la primera persona con la que empecé a estudiar las marcas de nacimiento. Había venido a verme para hacer una regresión con la esperanza de saber a qué personas de su vida actual había conocido antes. No tuvimos suerte en eso. De hecho, la única vida pasada en la que tenía interés en hablar era una en la que había sido un indio norteamericano de principios del 1800; su vida terminó en una batalla en la que se desangró hasta morir debido a una herida de cuchillo en la pierna derecha, unos cinco centímetros por debajo de su rodilla. Fue una vida brava, excitante y trágica, y yo estaba tan metida en la historia que casi se me olvidó preguntarle, antes de que se marchara, si por casualidad tenía alguna marca de nacimiento. Pues sí tenía, sólo una. Una decoloración de color púrpura, como si fuera de una herida sin cicatrizar, a unos cinco centímetros por debajo de la rodilla derecha. Todavía recuerdo el bochorno que le hice pasar al pobre hombre cuando miré atónita esa marca de nacimiento durante quizá demasiado tiempo y con demasiada incredulidad; él no recordaba lo que había dicho durante su regresión, de modo que no podía saber que yo, en realidad, estaba estupefacta al ver lo que parecía exactamente una cicatriz de casi doscientos años provocada por una puñalada, en el mismo lugar de la pierna donde le habían herido de muerte.

Sencillamente no lo tuve en cuenta, lo anoté al concluir la sesión y añadí una nota para mi amigo neurólogo que Billy no padecía ninguna enfermedad, anomalía congénita o algo semejante con los que su marca de nacimiento pudiera estar conectada. He de confesar que, a pesar de todo, estaba intrigada y sentía la suficiente curiosidad como para no abandonar el tema. No obstante, a partir de aquel día tuve la precaución de no mencionar las marcas de nacimiento hasta después de las regresiones, para asegurarme de que mis clientes no intentaban averiguar por qué se lo preguntaba y tener que darles una explicación. Pasó una semana, un mes, seis meses, y no hallaba ninguna correlación entre las marcas de nacimiento y las enfermedades, pero sí hallé hasta un *90 por ciento de correlación* entre las marcas de nacimiento y heridas graves o mortales en vidas pasadas.

Había un catedrático de universidad con una larga y fina sombra rojiza que atravesaba la mitad de su muslo, cuya vida en el siglo XVI en China concluyó cuando se desangró hasta morir debido a la amputación de una pierna. Una modista retirada tenía una decoloración en forma de diamante en su hombro izquierdo, justo donde le habían clavado una flecha cuando era un guerrero sioux a mediados del 1800. Un adiestrador de caballos resultó ser una de las brujas acusadas de Salem, por lo que fue colgada, y al final de la sesión me enseñó una marca de nacimiento de unos 15 centímetros de color blanco alrededor de su cuello. Un policía tenía una banda de unos 6 milímetros de ancho en la parte posterior de su cabeza donde nunca le había crecido el pelo, que «sencillamente resultó» corresponder con el lugar donde una amante celosa le había clavado un hacha en la cabeza a finales del siglo XIX en Egipto. Un técnico de grabación, en cuyo tobillo derecho había las señales de un oscuro y feroz corte, regresó a una vida terrorífica en Inglaterra en 1789, donde estuvo atado de pies y manos a una cama durante meses en un asilo.

Las historias se multiplican en mis archivos y ascienden a cientos. Repito que si sólo la mitad o los dos tercios de mis clientes hubieran demostrado tener una conexión entre sus marcas de nacimiento y sus vidas pasadas, sinceramente nunca hubiera considerado este tema de las marcas de nacimiento tan fascinante. Pero un 90 por ciento era una proporción demasiado aplastante para no tenerla en cuenta, especialmente cuando guardaba tanta relación con mis investigaciones sobre la memoria celular. La conclusión era obvia: el espíritu entra en el cuerpo con recuerdos diáfanos de los traumas y principales heridas experimentadas en los cuerpos anteriores, y transmite a las células esos recuerdos. Éstas, a su vez, como respuesta, crean la evidencia física de esas heridas pasadas, como un tejido de cicatriz procedente de una vida totalmente distinta.

Puede que os estéis preguntando qué pasa con ese diez por ciento restante de clientes cuyas marcas de nacimiento no mostraron tener ninguna conexión con una vida anterior. Esos clientes no tenían ninguna marca de nacimiento y en ello también parecía existir un patrón. No es que no hubieran vivido ninguna otra vida. Lo que sucedía es que los graves traumas sufridos en su cuerpo en vidas pasadas fueron resueltos en esa misma vida. Si, por ejemplo, fuiste colgado en una vida anterior por robar un caballo, pero eras verdaderamente inocente, ese asunto no quedó resuelto y es fácil que lleves las marcas de la horca en forma de marcas de nacimiento, mientras que si fuiste linchado por robar un caballo y eras culpable, hubo una resolución, el asunto quedó zanjado al concluir esa vida y no te quedarán marcas residuales. Si fuiste la víctima inocente de un incendio catastrófico, es muy probable que tengas una cicatriz de quemadura de una vida anterior, pero si pereciste en un incendio que tú mismo provocaste, no tendrás ninguna señal porque esa vida terminó sin cuentas pendientes.

De nuevo, si no tienes ninguna marca de nacimiento, felicítate por haber zanjado algunos temas del pasado. Si tienes alguna, no te obsesiones sobre este tema, ello significa que todavía no se ha resuelto. Pero cada vez que mires tu marca a partir de ahora, reflexiona un momento para darte cuenta de que estás ante una prueba de tu propia eternidad sagrada.

Resonancia mórfica

Había estado estudiando la memoria celular muy a fondo durante un par de años y cada día aprendía más acerca de ella gracias a Francine, a mis investigaciones, y a la siempre increíble franqueza y generosidad de mis clientes. Cuando un hombre encantador llamado Mark vino a verme para una sesión, en el transcurso de nuestra charla, empezó a contarme sin más su reciente viaje a Inglaterra. Pronto reconocí una mirada y un tono familiar mientras hablaba, que suelo ver bastante en mis clientes, una interesante combinación de entusiasmo y desgana, así que le ofrecí la reafirmación que sabía que necesitaba:

—Puedes decirme lo que quieras Mark. ¿Crees que con mi tipo de vida te voy a decir que estás loco?

Se rió, respiró aliviado y empezó a explicar su historia con una serie de palabras que evidentemente había estado evitando durante semanas.

—Siempre había querido visitar Londres —me dijo—, aunque no tenía ni la menor idea de cuál era la razón. No conocía a ninguna persona que hubiera estado allí y ni siquiera había leído mucho sobre esa ciudad. En fin, el primer día que llegué a Londres me apunté a un tour turístico. Llevábamos sólo unos minutos de tour cuando el más extraño de los sentimientos se apoderó de mí: ese lugar, donde nunca había estado antes, me parecía familiar, casi como si fuera mi hogar; sentía que de algún modo pertenecía a ese sitio. No dejaba de recordarme lo imposible que eso era, pero al poco rato ya no podía seguir fingiendo que no sabía dónde estaba. Girábamos una esquina y sabía que íbamos de camino hacia la catedral de St. Paul, o que pasábamos por un parque a nuestra derecha y que a nuestra izquierda encontraríamos un edificio con dos leones de piedra que guardaban la entrada. Pensaba, «Ahora estamos en Chelsea» y «Ahora llegamos a Scotland Yard», varios segundos antes de que nuestro guía lo anunciara por los altavoces. Este tipo de experiencia se repitió durante las dos semanas que estuve allí, pero la más significativa tuvo lugar el día que alquilé un coche y me dirigí a una pequeña casa en el campo a unos 80 kilómetros al norte de Londres, convencido de que había sido un *pub* al que anhelaba regresar; cuando llegué y vi que no estaba, las palabras «mi *pub* favorito ha desaparecido» acudieron a mi mente. No pude resistir a la tentación de preguntar sobre él en un pueblo cercano, y, por supuesto, esa casa había sido un *pub* hacía tres generaciones. Desde que regresé del viaje he estado bastante inquieto por este tema, pero no se lo he dicho a nadie. Tenía miedo de que no me creyeran y no iba a culparlos por ello. ¿Por favor, podrías decirme cómo puede suceder algo así? ¿Soy un vidente, un loco, o ambas cosas?

La respuesta es que Mark no estaba ni loco ni era un vidente. Lo que sucedía es que había experimentado un perfecto ejemplo de una memoria celular relativa denominada «resonancia mórfica», que Francine describe como un caso de *déjà vu*, multiplicado por aproximadamente un billón. La resonancia mórfica tiene lugar cuando la mente del espíritu se confronta con un lugar o una persona de una encarnación anterior, que le resultan tan familiares que lo recuerda casi todo y la memoria consciente se llena de reconocimiento. La mente consciente de Mark no tenía forma de conocer esa ciudad que jamás había visitado, pero la mente de su espíritu guardaba gratos recuerdos, no de una sino de dos vidas felices allí, y de ese pequeño *pub* rural al norte de la ciudad que había sido suyo en una de esas vidas, del mismo modo que tú o yo podemos recordar una agradable casa de la infancia o a un viejo amigo de la escuela. Gracias a la resonancia mórfica, esos recuerdos eran tan poderosos que pasaron a formar parte de su conciencia mental y emocional; no sólo sabía cómo moverse por allí, sino que notaba que pertenecía a ese lugar, que estaba en su casa, algo que no podía comprender ni negar.

He estudiado la memoria celular y la resonancia mórfica durante varios años, y cuando fui a Kenya por primera vez canalicé charlas de Francine sobre estos temas. Fue allí donde aprendí que hablar sobre la resonancia mórfica no era nada comparado con experimentarla. Al igual que Mark con Londres, yo siempre había tenido un extraño deseo de visitar Kenya sin tan siquiera cuestionarme la razón, y al bajar del avión en su capital, Nairobi, estaba tan entusiasmada como un niño en Disneylandia. Cuanto más conocía el país, más me enamoraba de él y sabía que regresaría allí muchas veces (trece hasta la fecha, para ser exactos). Sin embargo, la resonancia mórfica propiamente dicha no se llegó a producir ni a sobrecogerme hasta que llegué a Mombasa, el colorido y bullicioso puerto de mar en la costa del océano Índico. Me recibió un grupo de eruditos y arqueólogos que hacía años que vivían allí, y cuando amablemente se disponían a llevarme a un exhaustivo tour, de pronto salté y dije: «Esperad, no me digáis nada más de esta ciudad, dejadme que sea yo quien os guíe». Y con una confianza total empecé a dar instrucciones y a señalar los principales atractivos turísticos, e incluso en varias ocasiones les expliqué lo que había habido en algún lugar donde en aquellos momentos había otra cosa completamente distinta. Conocía Mombasa como si hubiera nacido allí, y en la mente de mi espíritu sin duda así era. Oí que un hombre le susurraba a otro: «Ya te dije que era una vidente». Ser vidente no tenía nada que ver con eso. Era justo la misma resonancia mórfica, los mismos ecos que resonaban desde el pasado del alma eterna, eso que todos oímos, sentimos y conocemos en esta vida si sencillamente prestamos atención sin despreciarlo.

Tanto si experimentas la resonancia mórfica respecto a un lugar como si no, es cierta y te puedo garantizar que la experimentarás con alguna persona tarde o temprano. Del mismo modo que puedes conocer una ciudad extraña a simple vista como si de tu ciudad natal se tratara, puedes descubrir que conoces a un extraño a los pocos minutos de haberle conocido como si os hubierais educado juntos, un encuentro que tu lógica te dice que es la primera vez, mientras vuestras almas intercambian un inmediato torrente de silenciosos y sutiles recuerdos inconscientes. No estoy hablando del mito denominado «alma gemela», ni tan siquiera de las almas afines con las que nos encontramos en nuestro camino desde El Otro Lado. Estoy hablando de personas que nada más verlas piensas: «¡Vaya, mira quién está aquí!», y sin embargo sus características físicas, sexo, el nombre por el que responden o su profesión te son totalmente ajenas. No necesitas que yo te diga quiénes son en tu vida. Te prometo que si observas a tu familia, amigos, compañeros de trabajo, e incluso a tus enemigos, con una mentalidad abierta y te planteas la sencilla pregunta: «¿He conocido antes a esta persona?», serás capaz de responder con un rápido y simple «sí» o «no» respecto a cada una de ellas. Luego reflexiona sobre el momento en que esa supuesta e imposible familiaridad suena a cierta en tu espíritu, y comprenderás exactamente lo que es una resonancia mórfica y, lo más importante, sentirás el milagro de mirar a los ojos a la otra persona y reconocer la prueba de la infinita supervivencia de tu propia alma.

Memoria celular
y lecturas psíquicas

Se llamaba Cathy. Tenía unos treinta y cinco años, era guapa, inteligente, una profesional cualificada con mucho éxito, estaba felizmente casada y tenía dos hijos preciosos. Me pidió que le hiciera una lectura psíquica para que la ayudara a superar la muerte de su madre, puesto que estaba pasándolo muy mal. La intensidad constante de su pena la confundía, puesto que su madre y ella nunca habían estado muy unidas, ni tan siquiera congeniaban. Nuestra conversación sobre el dolor condujo a otra sobre la pérdida, que a su vez desenmascaró su palpable miedo a ésta, y al poco llegamos al núcleo de ese temor a la pérdida, que ella simplemente proyectaba en la muerte de su madre: tenía pánico a perder a su esposo, no por otra mujer, sino porque muriera prematuramente.

Por lógica no tenía demasiado sentido. Su esposo Nick gozaba de una salud excelente, se cuidaba mucho y no tenía un historial clínico de enfermedades familiares serias. Cathy y Nick se habían conocido a través de un amigo mutuo cuando tenían dieciséis años, y ella recuerda que cuando le miró por primera vez pensó: «Ese es el hombre con el que me voy a casar». Ocho años después de ese día, él le demostró que tenía razón. Su matrimonio era feliz, sano y muy estable. Pero en lugar de relajarse y apreciarlo, Cathy vivía bajo esta oscura y opresiva nube de pánico de sobrevivir a Nick, hasta el punto de llorar su muerte muchos años antes de que se produjera. Sobrevivirle era para ella algo tan real, que pensó que sólo podía tener una explicación: debía de tratarse de una premonición.

Afortunadamente había otra explicación: Cathy estaba atrapada por recuerdos celulares muy arraigados no de una, sino de dos vidas pasadas, lo cual supe incluso antes de hacerle la regresión. Al igual que mis dones psíquicos me permiten leer los planes de vida para esta encarnación, también me permiten acceder a los de vidas pasadas. Así que pude explicarle que esta era su tercera vida con Nick, que sus destinos habían vuelto a coincidir para gozar de la felicidad que se les había escapado dos veces. No fue sólo un deseo el que hizo que Cathy estuviera tan segura a primera vista de que Nick era el hombre con el que se iba a casar. Le reconoció por su propio plan y por esas encarnaciones en las que habían sido trágicamente separados cuando sus vidas en común no habían hecho más que empezar. En lo que a su memoria celular respecta, Nick siempre moría demasiado pronto mientras ella seguía encarnada en un cuerpo, así que era comprensible que estuviera predispuesta a que volviera a suceder.

En general, una regresión es más completa y eficaz que una lectura psíquica cuando se trata de superar un problema que está grabado en la memoria celular. Es evidente que experimentar es siempre más eficaz que oír hablar de algo. Se puede hablar mucho sobre la predisposición de Cathy a abandonar su miedo y a que la lectura psíquica resolviera el problema por ella sin tener que hacer una regresión. También se puede hablar largo y tendido sobre la precisión de mi análisis de las vidas pasadas que Cathy y Nick compartieron, de lo cual todo el mérito es de Dios, no mío. Es un hecho irrefutable que mientras nuestra mente consciente puede ser engañada, a menudo con una facilidad irrisoria, la mente de nuestro espíritu es infalible cuando se trata de reconocer la diferencia entre verdad y mentira. Si hubiera inventado algún cuento de hadas entre Cathy y Nick en anteriores encarnaciones para su entretenimiento, igualmente Cathy habría disfrutado con la lectura psíquica, pero después seguiría teniendo tanto miedo de perderle como cuando entró en mi despacho. Creedme: no he trabajado tanto durante los últimos cuarenta y ocho años para que mis clientes descubran al día siguiente, al cabo de una semana o de un mes de haber venido a verme, que el tiempo que pasamos juntos no les ha servido de nada. Eso es exactamente lo que sucedería si mis lecturas psíquicas de vidas pasadas y regresiones se basaran en otra cosa que no fuera la verdad, porque la verdad es lo único que deja una impresión duradera en nuestras almas.

La memoria celular
y el lado oscuro

El hecho de que pueda leer los planes de vidas pasadas, así como el de ésta, ha hecho que muchas personas, incluyendo amigos de la comunidad psiquiátrica, me pidieran si podía averiguar las vidas pasadas del mal entre nosotros, de esos sociópatas destructores y a menudo bien disfrazados que yo denomino el Lado Oscuro, para ver si quizás tras su conducta se esconde en la historia de su espíritu alguna forma de «curación».

He escrito mucho sobre este tema en *The Other Side and Back* y en *Life on The Other Side*. Las entidades oscuras son las que han elegido alejarse de Dios y dedicar su energía a destruir su luz en cualquier lugar donde la encuentren. No tienen remordimientos, son manipuladoras, con frecuencia encantadoras y carismáticas, y carecen de conciencia. Por desgracia no se segregan del resto de la sociedad, ni tampoco facilitan que se las pueda reconocer. Algunas entidades oscuras destruyen cometiendo asesinatos, como Adolf Hitler, Charles Manson, Ted Bundy y Jim Jones. Mientras que otras pasan por la vida pasando casi desapercibidas y destruyendo principios básicos como la fe, el respeto a uno mismo, la esperanza, el amor, la confianza y la paz mental. Puede tratarse de nuestros padres, hijos, compañeros de trabajo, cónyuges y amantes, políticos, estrellas de cine, ídolos del deporte o incluso nuestros mejores amigos. Seducen a las personas que amamos a Dios y a todos sus hijos para que intentemos rescatarlos, apelan a nuestra compasión y creencias en la bondad innata de los seres humanos para que nos acerquemos lo bastante como para desarmarnos. Son la razón por la que tantas veces he dicho que los espíritus y fantasmas que nos rodean no me dan el menor miedo; son los habitantes de El Lado Oscuro encarnados de los que nos hemos de proteger.

Vuelvo a repetir que es por decisión propia que las entidades oscuras no van al sagrado Hogar cuando mueren. En su lugar, se dirigen hacia un vacío que no tiene fondo, desprovisto de Dios, denominado la Puerta Izquierda, y luego regresan directamente al útero materno para volver a la Tierra, en un incesante ciclo de herradura que puede durar siglos, hasta que son atrapados a mitad del ciclo por algunos rescatadores vigilantes de El Otro Lado que se preocupan de ellos, y al fin se acogen a la pureza sanadora de la luz eterna de Dios.

Sin el beneficio del paraíso entre vidas, los moradores de El Lado Oscuro vuelven al útero sin ninguno de los espíritus guías ni ángeles que nos acompañan a la mayoría de nosotros en nuestros viajes fuera del Hogar y sin un plan para la vida que garantice el progreso espiritual que el resto diseñamos para nosotros mismos. Si tuvieran planes de vida para todas sus encarnaciones, éstos consistirían en nada más que un sencillo plan de juego: «Haz todo el daño espiritual, emocional, psicológico o físico que puedas».

Esta es la razón por la que a veces, para mi frustración, no puedo empezar a leer los mapas de vidas pasadas de entidades oscuras: no los tienen, ni para las vidas que están viviendo en el presente ni para las que vivieron en el pasado. De algún modo, sería fascinante, y probablemente valioso, poder conocer quiénes habían sido Charles Manson o Saddam Hussein, o quiénes entre las actuales entidades oscuras del planeta fue una vez Hitler, Jack el destripador o Jim Jones. Al principio de mi carrera, solía preguntarme qué podía hacer si una entidad oscura entrara en mi despacho para que le hiciera una lectura psíquica o una regresión a una vida anterior. Me he dado cuenta de que eso no sucede nunca. Las entidades oscuras no sienten curiosidad por su progreso espiritual hacia la perfección, aunque puedan tener el don de hablar de ella si creen que así conquistarán a su audiencia. Su relación con Dios o con el resto de la humanidad no los preocupa, y sin duda no les interesa si ellos están cumpliendo las metas marcadas en un plan que, para empezar, nunca trazaron. No se los puede hacer retroceder en el tiempo como al resto de nosotros, ni tampoco pueden hacerlo por ellos mismos. No sólo sería imposible hacerles una regresión, sino que tampoco tendrían el menor interés en ello.

De modo que si, cuando estás leyendo esto, te estás poniendo nervioso y te estás preguntando si puede que seas un residente de El Lado Oscuro, cuyas vidas pasadas no suman nada más que un ciclo continuo de abusos y destrucción, aquí tienes la respuesta: el mero hecho de cuestionártelo significa que de verdad te importa, y la preocupación genuina es algo que El Lado Oscuro jamás tendrá.

La comunidad médica

Desde los comienzos de mi carrera he disfrutado de relaciones sanas y de respeto mutuo con las comunidades médicas y psiquiátricas. Incluso los doctores que son escépticos sobre las facultades psíquicas, tras unas cuantas conversaciones se han dado cuenta de que no soy ninguna embaucadora excéntrica que se dedica a vaciar los bolsillos de las personas con promesas vacías, sino que comparto su genuina y apasionada determinación de hacer que los clientes se encuentren mejor que cuando los conocí. Les he mandado muchos de mis clientes y ellos han hecho lo mismo conmigo. Saben que siempre pueden confiar en mí para decir las cosas claras a todas las personas que vienen a verme: *ningún vidente, incluida yo, ha de considerarse jamás cualificada para substituir a un médico o psiquiatra profesional.*

Cuando empecé a hablar de la memoria celular a mis amigos médicos, he de decir que no fue exactamente acogida con un gran coro que dijera: «¡La memoria celular! ¡Por supuesto! ¡Eso lo explica todo!». De hecho, si con el paso de los años no me hubiera creado cierta credibilidad a través de mis lecturas psíquicas, estoy segura de que se habrían reído de mí, me habrían tirado de la oreja, o ambas cosas. Al ser yo misma una escéptica, no los culpé porque les costara creer que muchos problemas físicos y psicológicos tienen sus orígenes en experiencias no resueltas de vidas anteriores. Pero sí estaban de acuerdo con mi línea de pensamiento de que si funciona, vale la pena probarlo. Además, mi trabajo con la memoria celular no conlleva riesgos, y nunca acepto dinero de las personas que me han enviado los médicos y psiquiatras, de modo que ninguno tenía nada que perder y sí mucho que ganar.

Como de costumbre, las personas que me enviaban eran casos extremos, con los que mis amigos médicos ya habían agotado sus recursos sin haber obtenido ningún resultado. La primera llamada fue de un cirujano del hospital de veteranos respecto a un paciente que se llamaba Royce. Royce había sufrido una terrible herida en la espalda y se había sometido a más de una docena de intervenciones que debían haber conseguido ponerle en vías de recuperación. Sin embargo, siempre padecía unos dolores tan horribles que durante semanas había pedido a sus médicos que le segaran la médula espinal; incluso la parálisis total le parecía más llevadera que soportar ese dolor durante un minuto más. Como es lógico, el cirujano que me llamó estaba lo bastante desesperado como para indagar cualquier otra posible alternativa menos drástica, aunque eso supusiera recurrir a esos conceptos absurdos e improbables de «videncia» y «memoria celular».

Mi corazón se estremeció por Royce desde el momento en que pisé su habitación del hospital y le vi estirado, con los ojos apagados por haber sufrido tanto durante demasiado tiempo; su una vez atractiva cara estaba como ida y tenía un color grisáceo. Aun así, tuvo el ánimo para decirme en voz baja «Gracias por venir», al explicarle quién era y que estaba allí para ayudarle si podía. Tenía tanta necesidad de alivio que cedió a la hipnosis con sorprendente facilidad, teniendo en cuenta su estado.

Al cabo de una media hora, Royce me estaba explicando su feliz vida como Thomas, en una pequeña ciudad de Georgia, en 1855. Su voz era relajada, con una clara pronunciación, mientras describía a su esposa y cuatro hijos y su duro y gratificante trabajo en la tierra de la granja que compartía con sus padres. Se sentía orgulloso de que toda la familia fueran juntos a la iglesia los domingos, hiciera sol o lloviera, y su hijo menor a los cuatro años ya sabía recitar el Padre Nuestro de memoria. En la primavera que Thomas cumplió treinta y ocho años, estaba pintando la casa de sus padres cuando la escalera se rompió y cayó desde dos pisos de altura rompiéndose la columna. Yació paralizado desde el pecho hacia abajo durante casi tres meses antes de morir. La lesión en la espalda fue lo que le mató. Memoria celular relacionada número uno.

En el año 1721, en España, Royce era Pablo, un joven de

dieciocho años, de noble cuna. Su gran pasión en la vida era una joven de veintidós años llamada Cristina, que por desgracia se casó con su hermano mayor. Una noche, cuando Pablo regresaba a su casa tras una visita clandestina a Cristina, su hermano le tendió una emboscada y le clavó un hacha en la columna, matándole al instante. Memoria celular relacionada número dos.

Recé por Royce para que liberara esas atroces heridas de vidas pasadas en la luz del Espíritu Santo, de modo que su cuerpo pudiera enfocar tan sólo el dolor de esta vida y que no se aferrara a la creencia de su memoria celular de que las heridas en la espalda son inevitablemente dolorosas y mortales. Cuando le saqué del trance hipnótico estaba exhausto y preocupado, aunque tranquilo, y al final hasta esbozó una sonrisa cuando me dijo murmurando: «No me extraña que sintiera como si alguien me hubiera clavado un cuchillo en la espalda». Se había quedado dormido cuando salí sigilosamente de la habitación.

Tres semanas más tarde, el cirujano de Royce me llamó para darme una noticia. Tras mi visita, Royce no había vuelto a pedir que le cortaran la médula. De hecho, había empezado a dar muestras de una considerable recuperación, había insistido en levantarse de la cama por primera vez en muchos meses, y estaba dando algunos pasos orgulloso y contento con la ayuda de un andador. El cirujano concluyó la conversación con algo que he escuchado desde que comencé mi investigación con la memoria celular y que sigo oyendo hoy en día: «No sé lo que has hecho ni cómo lo has hecho, pero ha funcionado». Y yo le respondí lo mismo que sigo diciendo ahora: «No he sido yo, es Dios y las personas a las que les hago la regresión. Lo único que hago es limpiar el camino para que la mente de su espíritu entre en esos lugares que ha estado anhelando volver a encontrar».

Aproximadamente por esa misma época, a través de un psicoterapeuta que conozco desde mis años universitarios, conocí a Talia, una atleta profesional. Había padecido una conmoción mientras se estaba preparando para los Juegos olímpicos del verano, y desde que recuperó la conciencia se había quedado sin habla. Los médicos le habían hecho innumerables pruebas y no habían hallado una razón médica para su silencio. Tras semanas de estudio de su caso, el equipo de psiquiatras había descartado todas las posibles causas emocionales y mentales. Mi amigo psicoterapeuta se disculpó por escapársele que llamarme era su «último recurso», pero me han dicho eso un millón de veces y nunca me he ofendido. Prefiero ser el último recurso que no serlo si alguien necesita ayuda.

Talia estaba a punto de cumplir los veinte años, era una belleza natural en una condición física increíble, y estaba tan confundida como sus médicos ante su pérdida del habla y comprensiblemente asustada por ella. En aquellos momentos se podía comunicar con frases cortas mediante una caja sonora que sostenía con la mano y que siempre llevaba consigo, y se rió cuando le advertí que no se quejara demasiado de ella, aunque hacía que nuestras voces fueran casi idénticas.

La primera vida pasada que visitó Talia era feliz, sin grandes acontecimientos y en Japón, no encerraba claves de memoria celular para su condición actual. Pero estaba claro que se resistía a pasar a la siguiente vida durante su regresión, y me costó convencerla para que permaneciera en lo que yo denomino la «posición del observador», que se trata de observar los acontecimientos que te están afectando sin revivirlos. Al final, no fue sólo una vida sino dos las que salieron a la luz; ambas le hicieron saltar las lágrimas cuando me las describía. En la primera era una joven en la antigua Siria, que corría aterrorizada mientras un terremoto devastaba el mercado donde ella y su madre estaban comprando. Un pilar se rompió y le cayó en la cabeza desde atrás, atrapando su rostro contra el suelo; sus últimos gritos desesperados antes de morir estaban demasiado amortiguados por el charco creado por su propia sangre en el que tenía hundida la cara, de modo que nadie podía oírla.

Luego vino una fascinante vida en Egipto. Tenía dieciséis años, era apreciada y respetada por muchos, y temida por algunos por ser sacerdotisa y una poderosa vidente. Una noche, a pesar del despliegue de guardianes contratados por su padre, tres secuestradores consiguieron irrumpir en sus aposentos mientras dormía, la golpearon en la cabeza para dejarla inconsciente y se la llevaron a una cueva; durante el tiempo que la tuvieron presa a la espera de un rescate, le cortaron la lengua, con la creencia de que al no poder hablar no tendría poder. La torturaron hasta que murió desangrada, tras lo cual abandonaron su cuerpo y nunca fueron capturados.

Dos vidas anteriores en las que tras un golpe en la cabeza no había podido volver a hablar o ser oída, y ahora, casi a la misma edad que tenía cuando padeció las heridas mortales en dichas vidas, sufre una conmoción y vuelve a perder el habla por razones que nadie puede diagnosticar. Era otro caso de memoria celular en acción o, como muchos escépticos insistirían, que la mente de Talia estaba haciendo muchos esfuerzos para inventar historias que la ayudaran a recuperarse del trauma. Lo único que sé o que me importa es que, quince años después, una mujer radiante se me acercó apresuradamente entre bastidores en una de mis intervenciones en televisión. «¡Hola, Sylvia! ¿Te acuerdas de mí?» Me gustaría que no fuera así, pero esa es la realidad: casi sin excepción, lo más probable es que la respuesta a esa pregunta sea «no». Para empezar, no soy muy buena recordando nombres ni caras. Si a eso le sumamos miles de clientes en los últimos cuarenta años; conferencias, firmas de libros, apariciones en televisión y radio en más ciudades en el mundo de las que puedo recordar; consultas con literalmente cientos de médicos, agentes de policía e investigadores privados, te prometo que es casi seguro que cuando alguien que viene caído del cielo me sorprende con un «¿Te acuerdas de mí?», me quede totalmente perpleja. Pero cuando se trata de lecturas psíquicas y regresiones que me han impresionado es diferente; por eso, cuando la mujer añadió: «Ya no uso una caja sonora», supe exactamente quién era.

Me emocioné al ver que Talia se había recuperado por completo tras nuestra sesión, pero me decepcionó saber que había tardado seis meses. Normalmente espero resultados más rápidos, y nunca culpo al cliente cuando no sucede así, sino a mí misma. Me sentiría culpable si me limitase a dar pequeñas pistas de ayuda y alivio en un largo período de tiempo, si tuviese un paciente que vuelve tras sucesivas lecturas psíquicas, y me extiende un cheque tras otro. En algunas ocasiones, en casos de clientes muy afligidos o cuando existen varios problemas especialmente complicados, hago una lectura psíquica de seguimiento o una regresión, pero nunca más de dos. Muchos de mis colaboradores son expertos en hipnosis regresiva, tienen una buena formación, y les he dado órdenes estrictas de que si alguna vez necesitan más de una o dos sesiones para conseguir un cambio significativo en cualquiera de los temas a los que sus clientes se están enfrentando, me lo han de comunicar y deben seguir con su formación antes de continuar en esa área de su trabajo.

Algo en lo que siempre puedes confiar, para bien o para mal, es en la comunicación personal. Así es como hice mi clientela al principio. Por eso, después de todos estos años no me sorprende que ahora recibamos tantas llamadas pidiendo ayuda mediante las regresiones a vidas pasadas, de médicos, psiquiatras y clientes que llaman aunque no todos crean en la validez de la memoria celular o tengan interés en la misma. Nunca me ha preocupado, ni me preocupará, que la mayoría de los casos que me envían sean los que médicos y psiquiatras han dado por imposibles. Me encanta que me pongan a prueba. Pero lo más importante es que me encanta poder ayudar.

Enfermedades psicosomáticas

Pocas cosas hay más frustrantes que describirle un dolor o una enfermedad a tu médico y que te diga que el problema «está en tu cabeza». De hecho, por experiencia propia sé que eso casi siempre es cierto. Los dolores y las enfermedades que no necesariamente aparecen reflejados en los análisis de sangre, radiografías, resonancias magnéticas y TAC, las que normalmente se denominan psicosomáticas, están en tu cabeza: en el subconsciente, donde reside la mente del espíritu y donde la memoria celular obtiene su información.

No quiero que me malinterpreten, siento el más profundo respeto por la mayoría de los médicos y psiquiatras, pero me gustaría que eliminaran la palabra «psicosomático» de su vocabulario, por la implicación que tiene de equivaler a «en realidad no te pasa nada, lo que sucede es que tú crees que sí». Si me dices que una cosa supone un problema para ti, yo te creeré. Y si no te puedo ayudar a resolver ese problema, nunca me oirás decir: «¡Bueno, entonces, es que no es real!». Mi responsabilidad es hallar la solución correcta y remitirte a alguien que pueda ayudarte, y todos podemos exigir lo mismo de los médicos a los que recurrimos.

No puedo empezar a calcular el número de personas que me han enviado los médicos con una descripción del problema de su paciente, y luego han añadido el comentario: «Creo que es algo psicosomático». Si a esto le añado las personas que han venido por su propio pie cuando sus médicos las han desahuciado por su condición «psicosomática», estoy segura de que el número asciende a miles. Lo que también podrían contarse por miles son el número de enfermedades «psicosomáticas» que he curado, simplemente liberando la memoria celular que está causando esa situación.

Elise era un ejemplo clásico. Vino a verme el día que cumplió treinta años debido a un problema físico terrible que tenía desde los quince años, con una media de tres a cuatro veces a la semana: sin previo aviso ni síntoma que pudiera prevenirla, su garganta parecía cerrarse hasta el punto de que respiraba jadeando, y luego se volvía a relajar, lo cual podía suceder al cabo de unos pocos minutos o tardar casi una hora. Era imposible contar el número de veces que había tenido que ir a urgencias para que le relajaran la tráquea mediante una inyección y así permitirle respirar y tragar con normalidad. Incluso tenía varias amistades avisadas para que si en algún momento recibían alguna llamada y no oían más que un jadeo y el ruido de golpear desesperadamente el auricular del teléfono contra la pared, llamaran al número de urgencias médicas para que le enviaran una ambulancia a su apartamento. Después de quince años Elise había pasado por todas las pruebas que ocho médicos diferentes le habían recomendado y por seis psiquiatras distintos, ninguno de los cuales pudo hallar causa física o psicológica alguna para estos temibles y potencialmente mortales espasmos. Su conclusión: enfermedad psicosomática. Traducción: abandonamos.

A algunas personas que hacen regresiones les gusta recorrer diferentes vidas pasadas mientras están en «trance», desde esa libertad y novedad que les ofrece la experiencia. Ese no era el caso de Elisa. Al momento se situó en África, en un tiempo muy remoto y primitivo. No tenía ni idea de su edad ni de qué año era, porque la pequeña tribu a la que pertenecía no utilizaba los números para marcar el paso del tiempo. Sólo sabía que estaba en sus primeros años de maternidad, lo que probablemente suponía unos quince años, que era alta, delgada pero fuerte por su trabajo en los campos que rodeaban la aldea. Su piel era de un hermoso color ébano, y su corto pelo negro estaba cubierto por una especie de turbante de tela enlodada, que es un tejido hecho a mano teñido con tierra del lugar. Estaba caminando en dirección a un río que estaba a cierta distancia de la aldea para ir a buscar agua, cuando sintió que algo se movía detrás de ella y oyó un rugido sordo y salvaje. Se giró y vio un león que la había estado siguiendo y que ahora se hallaba a pocos metros de ella preparado para atacar. Ni siquiera tuvo tiempo de asustarse ni de gritar porque el enorme felino ya estaba encima, derrumbándola, tal como hacen los felinos de la selva cuando matan rápidamente a sus presas, desgarrando su garganta con sus poderosas mandíbulas llenas de afilados dientes. Murió casi al instante, pero todavía recordaba que fue separada de su cuerpo y que observaba con cierta fascinación cómo el león se lo llevaba.

No creo que sea necesario señalar la conexión entre esta muerte de una vida pasada debida a una herida mortal en la garganta y la actual condición crónica de opresión justo en la misma zona, que la privaba del aire y de la capacidad de tragar. Elisa me la señaló al instante de «despertar» de la hipnosis. Me dijo que se sentía «liberada», y que se había sentido muy aliviada cuando orábamos a Dios para que la ayudara a liberar ese trauma, durante tanto tiempo enterrado en las células que retenían el recuerdo de ese hecho, y para que éste fuera absorbido en la luz del Espíritu Santo.

En el transcurso del mes siguiente a la regresión, su garganta volvió a cerrarse un par de veces más. Ambas veces, se relajó por sí sola y volvió a abrirse a los pocos minutos, sin necesidad de atención médica. Tras esos dos episodios y en el año y medio que transcurrió desde que la volví a ver no se habían vuelto a repetir.

Vale la pena hacer hincapié en que el caso de Elisa, al igual que en muchos otros casos de problemas provocados por la memoria celular, ese estado empieza a la misma edad en esta vida que tuvo lugar el trauma en la vida anterior. No pudo especificar que tenía quince años en su vida africana, pero «los primeros años de maternidad» es lo bastante sugerente como para relacionarlo con la edad en que empezaron a sucederle esos episodios en su vida actual. Si para ti tiene más sentido olvidarte de todo esto y considerarlo como una «coincidencia», hazlo, aunque tienes que admitir que es bastante extraño que haya tantas coincidencias. Pero si la memoria celular te resulta tan lógica como a mí, te habrás dado cuenta de que se trata de que la mente de tu espíritu recuerda que cuando está ocupando un cuerpo humano, algo dramático le sucede a la garganta a mitad de la adolescencia.

No existe vidente en el mundo, incluida yo, que sea cien por cien exacto. Pero mi índice de éxitos en proporcionar un alivio importante a esas personas con problemas físicos o emocionales catalogados de psicosomáticos supera el 95 por ciento. ¿Se debe a que soy más inteligente, más sabia, más hábil, o más compasiva y bien intencionada que los médicos y psicoterapeutas que no fueron capaces de ayudar a esas personas? Por supuesto que no. ¿Quizá se deba a que no han intentado resolver las dolencias no diagnosticadas de sus pacientes a través de la memoria celular? Podría ser una posibilidad, ¿no te parece?

Hipocondría

Llevaba casi dos años dedicándome a fondo a los estudios sobre la memoria celular, escribiendo y dando conferencias sobre ésta, así como hablando entusiásticamente del tema con mis curiosos pero escépticos colegas, cuando recibí una llamada de un médico internista con el que mantenía amistad desde hacía un año; nos habíamos conocido en una mesa redonda sobre sanación en la que ambos participamos. Sé que me tomaba el pelo respetuosamente cuando inició la conversación diciéndome:

—Te voy a mandar una persona.

Me sonreí y cogí mi bloc de notas.

—Muy bien, doctor B., te escucho.

—Se llama Lorraine. Tiene sesenta y un años, ha sido paciente mía durante quince años y está más sana que una rosa.

—Entonces, ¿qué le pasa?

—Tú misma lo verás. Está convencida de que padece cualquier enfermedad que lee en los periódicos o que oye en la televisión e insiste en que le hagamos urgentemente pruebas para comprobarlo. Nada le irrita más que todas las pruebas den resultados totalmente normales y que no le pase absolutamente nada. En lugar de apreciar su buena salud, se pasa la vida predisponiéndose para alguna catástrofe médica.

—En otras palabras —le dije suspirando-, me mandas una hipocondríaca.

—Justamente. Es una mujer encantadora, Sylvia, pero nos está volviendo locos a mí y a ella misma, y he pensado que quizás…

—Has pensado que quizás podría volverme loca a mí durante un tiempo, puesto que yo ya lo estoy de todos modos con todas esas tonterías sobre la memoria celular —le respondí—, sin bromear del todo.

Se rió.

—Lo has dicho tú, no yo. Pero, escucha, si crees que es un reto demasiado fuerte para ti, olvídalo.

He de confesar que caí en una provocación tan evidente como infantil.

Lorraine estaba en mi consulta en trance hipnótico seis horas después. Varios de mis colegas me habían advertido de que no perdiera el tiempo. «No te des golpes en la cabeza contra una pared», me dijeron. «Algo que has de saber respecto a la mayoría de los hipocondríacos es que no están dispuestos a renunciar a la atención que consiguen con sus enfermedades imaginarias.»

Sabía a qué se referían, por supuesto. A veces me he encontrado con eso mismo con clientes que me suplicaban que los liberara de una maldición que alguien les había hecho y que estaban convencidos de que les estaba arruinando la vida. Nunca he podido ver un resentimiento tan desafiante como cuando les explico que no me necesitan para liberarse de una maldición, puesto que *las maldiciones no existen*. Es como si, eliminando la posibilidad de la maldición, los hubiera amenazado con sacarles una parte valiosa de su identidad. Y cuando he rechazado su dinero, porque me pedían un servicio que no podía hacer honradamente, invariablemente salían de mi consulta con un ataque de furia. Sorprendente.

Pero a Lorraine le concedí el beneficio de la duda y supuse que su presencia en mi consulta significaba que realmente necesitaba ayuda. El doctor B tenía razón: era una mujer encantadora, y cuando enumeraba sus síntomas actuales y enfermedades que estaba segura de tener, a pesar de todas las pruebas que indicaban lo contrario, parecía más confundida por ellas que apegada a las mismas. Se quedó en «trance» sin la más mínima oposición.

Comenzó lentamente su regresión, pero a los pocos minutos palabras y vidas pasadas empezaron a brotar de sus labios como si un embalse de emociones hubiera reventado. Las vidas en sí no tenían demasiado interés, se habían sucedido una tras otra. Lo que pronto me llamó la atención fue la increíble variedad de formas en las que esas vidas habían concluido. Lorraine, en sus múltiples estancias en la Tierra, había muerto de cáncer de mama, de lepra, consunción (un término antiguo para tuberculosis), neumonía, cólera asiática, apendicitis, toxemia, ictericia, y eso sólo en las vidas que revisamos en las primeras dos horas y media.

Como es natural, en cada vida que vivimos hemos de morir de una cosa u otra, tarde o temprano. Pero con Lorraine, al igual que con muchos hipocondríacos con los que he trabajado a partir de entonces, he descubierto que llevan una ininterrumpida sucesión de muertes lentas y muy dolorosas, sin ninguna transición repentina o pacífica como la mayoría experimentamos cuando estamos a punto para regresar al Hogar. De modo que cuando la mente del espíritu entra en un nuevo cuerpo, transmite a las células recuerdos que conllevan sufrimiento, una variedad de enfermedades, y un mensaje general de que el cuerpo humano es un lugar débil, incómodo y enfermo en el que vivir. Es lo mismo que si en esta vida vives en una serie de apartamentos y en todos ellos te encuentras enfrentándote a un grave problema, desde cañerías con escapes, no tener calefacción, plagas de insectos, instalación eléctrica obsoleta, hasta vecinos exageradamente ruidosos. Tras suficientes malas experiencias con los pisos, aunque te traslades al piso más seguro, tranquilo e impecable en cuanto a servicios, no podrás disfrutarlo debido a que tu experiencia te ha llevado a la comprensible conclusión de que estás en un piso, por lo tanto algo irá mal, tanto si eso ya se ha manifestado como si no. Eso es lo que la mente del espíritu de un hipocondríaco experimenta cuando regresa a un cuerpo, por lo

que inmediatamente empieza a enviar el mensaje de «prépa-
rate» a las células, que reaccionan mandando señales de alerta al más mínimo indicio de que, sin duda, este cuerpo es un
gran desastre al igual que lo han sido todos los demás. No
existe una prueba médica o psicológica tradicional que pueda
detectar enfermedades que tienen sus raíces en la memoria celular, de modo que todos los médicos y psiquiatras jurarán
que lo único que le pasa a un hipocondríaco es que necesita
atención. Lo cierto es que lo que le pasa a un hipocondríaco
es que sus células no se han liberado de los recuerdos de vidas
pasadas que las mantenían en un estado de alerta constante,
y todavía no han aprendido que el cuerpo humano puede ser
un lugar perfectamente seguro y cómodo para vivir. Lorraine
fue uno de esos pocos clientes que necesitó dos sesiones de regresión para revisar todas las vidas y enfermedades que había
experimentado. Pero cuando al final las sacó todas a la luz
—es decir, cuando todas las espinas de sus encarnaciones anteriores fueron expuestas y liberadas, para que sus heridas
pudieran empezar a sanar—, su hipocondría desapareció. Reconoció y apreció lo sano que realmente estaba su cuerpo,
empezó a cuidarse mucho, todavía continuó viendo al doctor
B, pero sólo para revisiones anuales, y todavía vive perfectamente sana a sus ochenta años.

Quiero enfatizar de nuevo que la memoria celular no es
la causa de todos nuestros problemas físicos y psicológicos, y
que nadie valora a las comunidades médicas y de psicólogos
como yo. No obstante, sé con absoluta certeza que no existe
suplemento más poderoso para una salud responsable que liberar la negatividad almacenada en la memoria celular debido
a vidas pasadas. También me gustaría que todo médico, psiquiatra y psicólogo diera una oportunidad a sus pacientes,
aunque sólo fuera para demostrar que estoy equivocada, y que
me escribiera o me llamara para decirme los resultados. Repi-

to que en realidad no me importa lo absurdo que pueda parecer esto o lo absurda que penséis que soy al sugerirlo. Lo principal es que la memoria celular funciona y cura. Así que, por favor, y con el debido respeto, *no la deseches sin antes haberla probado.*

Puntos de entrada
y el otro lado

No todas las regresiones a vidas pasadas y los recuerdos celulares son negativos. Ni mucho menos. Esos recuerdos también incluyen la felicidad, la dicha y el amor que experimentamos en la Tierra y, lo mejor de todo, nuestras gloriosas vidas en El Otro Lado. No es tan fácil acceder a los recuerdos específicos del Hogar como a los de la Tierra, por la sencilla razón de que si también recordáramos El Otro Lado con claridad, nos sentiríamos todavía peor por estar aquí de lo que nos sentimos ahora. El 99 por ciento de las veces que guío a un cliente a través de la muerte a una vida anterior, lo siguiente que describe sin necesidad de guía es que se ve envuelto en una luz divina brillante, sagrada, de inefable belleza, y su llegada al lugar más exquisito que ha visto jamás.

Por cierto que una excepción notable y reciente a esa experiencia ha probado lo determinada que está la mente del espíritu a aprovechar cualquier oportunidad para curarse, por no decir hasta qué punto ésta toma el mando durante la regresión y yo no soy más que una simple acompañante. Se llamaba Alain, y vino a verme en busca de ayuda para superar lo que él describió como «puro terror» a estar solo. Todo en su vida, desde su esposa y sus seis hijos, hasta su profesión como coordinador de viajes, estaba diseñado para estar siempre rodeado de gente, pero inevitablemente algunas veces había unas pocas horas que le tocaba estar solo, y se echaba a llorar, hundido por una sensación de miedo y un sentimiento de que de alguna manera esa soledad momentánea era una especie de castigo por algo que había hecho mal y que no podía identificar, ni mucho menos reparar.

La primera vida pasada que Alain revisó era agradable. Estaba en Egipto, era un hombre muy ocupado y tenía una posición de prestigio en la guardia real; una de sus principales responsabilidades era hacer de cicerón a los dignatarios extranjeros que estaban de visita. Él, su esposa y sus diez hijos vivían con los padres de Alain y otros parientes en una gran casa llena de amor y de algarabía. Vivió hasta bien avanzados los sesenta años y murió de un repentino ataque al corazón.

Describió su rápida e indolora muerte como si nada, perfectamente consciente de que era un acontecimiento más dentro de una vida mucho más larga que nunca terminará. Habló brevemente de lo bien que se encontraba al haberse deshecho de ese estúpido cuerpo atado a la gravedad, y luego, como suelo hacer al llegar a este punto, le pedí que me contara qué veía después. Me dijo que estaba en una pradera verde: un valle con hermosas montañas alrededor y lleno de animales.

Asentí con la cabeza, sonriéndome a mí misma al ver lo previsible que es que los clientes experimenten unos momentos en El Otro Lado después de una vida especialmente feliz, y le pregunté: «¿Cómo te sientes?», con mi bolígrafo apoyado sobre mi bloc de notas listo para anotar su igualmente previsible respuesta, algún sinónimo de «extático», «eufórico» o «dichoso». Casi me doy un latigazo cervical cuando reaccioné en efecto retardado al oír: «Desolado».

Intenté que la sorpresa no se reflejara en mi voz. «¿Dónde estás?»

«En Perú», respondió.

Sin pretender faltarle el respeto a Perú, la verdad es que no es ningún paraíso. Mis expectativas silenciosas estaban muy lejos de verse cumplidas. Ya había saltado a otra vida. «¿Qué estás haciendo en Perú?», le pregunté.

Empezó a sollozar con tanta fuerza que no le salían las palabras. Yo le repetía una y otra vez: «Vuelve a la posición del observador, Alain. Lo que estás viendo y sintiendo no está sucediendo ahora, todo pertenece al pasado, a otra vida, nos estamos deshaciendo de ello para que nunca más vuelva a hacerte daño. Aléjate de ello. Obsérvalo. Sólo mira y dime lo que ves». Al cabo de unos minutos se calmó, aunque todavía se le escapaban algunas lágrimas de sus ojos fuertemente cerrados.

Su vida en Perú, según parece, era el resultado de un exilio autoimpuesto. Su esposa e hijo habían perecido en un incendio en el hogar, que había sido provocado por su furibunda amante cuando él puso fin a su relación. Alain no estaba cuando ella quemó la casa. Se había marchado a un pueblo cercano para ahogar sus penas en el bar de un amigo y pasó la noche fuera. Al día siguiente regresó a una pesadilla, su esposa y su hijo estaban muertos, su casa había quedado reducida a escombros carbonizados y su amante se había suicidado. Se consideraba cien por cien responsable de todo lo sucedido. Nunca pensó en reconstruir su vida. Ya no se sentía digno de volver a vivir, ni de volver a gozar de momentos de felicidad. Así que se marchó sin despedirse del resto de su familia y amigos, privándose deliberadamente de toda persona o cosa conocida y amada, y desapareció en las montañas, aceptó un trabajo como pastor a cambio de un sitio para dormir, vivió en silencio y en soledad hasta que murió doce años más tarde por haberse quedado a la intemperie.

No es de extrañar que el pobre hombre asociara el estar solo con ser castigado, y qué horrible carga significaba para él hasta que la mente de su espíritu le dio la oportunidad de liberarse de ella ese día en mi despacho. Aunque me sorprendió por un momento con su viaje a Perú cuando yo estaba predispuesta a oír a hablar de El Otro Lado, también me ayudó a ilustrar cuánto ansían la sanación las almas. Hasta que no se curan, nuestra memoria celular continuará reaccionando como si de heridas reales se tratara, actuales y dolorosas como si acabaran de suceder.

Esa experiencia con Alain me hizo desear que hubiera alguna forma más rápida y eficaz de ayudar a mis clientes a ir directamente a la vida, vidas o acontecimientos que les están provocando problemas en su memoria celular, sin tener que pasar por vidas que no tienen conexión con lo que les está pasando. Todas las vidas anteriores son interesantes, aunque sólo sea para probarle a un cliente que no existe la muerte, que realmente somos eternos. Pero cuando existe un asunto específico que hace sufrir a una persona y contra el que ha de luchar, ¿por qué no ir directamente al conflicto en vez de ir dando un rodeo? Mi espíritu guía Francine me aseguró que era muy sencillo, lo único que tenía que hacer era dirigir al cliente a lo que ella denominó «punto de entrada», que sencillamente es el momento en que sucedió el hecho o hechos que crearon la memoria celular. En el caso de Alain, por ejemplo, el punto de entrada fue el descubrimiento de que su esposa, hijo y amante habían muerto debido a sus acciones. Los puntos de entrada de Lorraine eran todas esas lentas y prolongadas muertes que habían hecho que estuviera en un estado de constante alerta para detectar cualquier enfermedad mortal. Toda memoria celular tiene un punto de entrada, y sucede que, al escuchar esa frase, la mente del espíritu, en su deseo de sanarse, se trasladará al momento a ese lugar durante la regresión. Desde Alain, los colaboradores a los que he formado en hipnosis han descubierto lo mismo que yo: cuando un cliente quiere abordar un tema específico y especialmente doloroso que está anclado en el pasado, la forma más rápida de descubrirlo es preguntar por el punto de entrada; y cada vez, la «espina» que los está hiriendo se revelará en la siguiente historia de la vida que describan.

Los puntos de entrada y recuerdos de El Otro Lado se combinaron con una espléndida y conmovedora claridad en una reciente regresión que hice a una mujer llamada Gloria. Su esposo de treinta y ocho años, Martin, había muerto de repente hacía un mes. Su matrimonio era uno de esos casos raros y mágicos en que los dos estaban tan enamorados el día de la muerte como cuando eran novios en el instituto. Ella se encontraba en un indescriptible estado de pesar que sólo se produce cuando perdemos a alguien que se ha convertido en parte de la esencia de nuestra alma, de modo que nunca acabamos de sentirnos del todo completos en esta vida sin esa persona. Recuerdo que la abracé cuando entró en mi despacho y pensé: «Hay dolor, y además hay "esto"».

Gloria me había pedido cita para una lectura psíquica, pero pensé que una regresión sería más útil. Sabía que descubriríamos que Martin y ella habían pasado muchas vidas juntos, y que podía asegurarle que volverían a encontrarse. Ella aceptó la oferta, y a pesar del espeso velo de dolor que teníamos que superar, entró «en trance» con bastante facilidad. Visitar al azar vidas anteriores no es lo que Gloria necesitaba para llegar al meollo del dolor emocional que la consumía, así que lo primero que le dije fue:

—Gloria, quiero que te dirijas al punto de entrada.

Ningún cliente me ha preguntado qué significa eso. Como he dicho, la mente del espíritu parece comprenderlo perfectamente. Gloria no fue una excepción. Enseguida pasó a describir una vida en el norte de Europa, en el año 1721, y otra en Italia a mediados del siglo XIX. En ambas vidas Mar-

tin y ella estuvieron profundamente enamorados. En el norte
de Europa había sido su esposa, y en Italia su amante. El primer punto de entrada al que acudió fue en 1721, cuando se
encontraba al lado de su lecho, desconsolada, puesto que había muerto dejándola sola, a miles de kilómetros de su familia,
a la que había abandonado para dedicarse a él. En 1850, el segundo punto de entrada, ella murió en sus brazos tras dar a
luz al único hijo que tuvieron juntos. Y ahora, con su muerte
en esta vida, se habían vuelto a separar. No es extraño que su
pesar fuera tan profundo. Gracias a la memoria celular, estaba de duelo por haber sido arrancada de él por tercera vez.

Sabía que su dolor se calmaría un poco gracias a esta
oportunidad de entregar esos pesares de vidas pasadas en las
manos de Dios a través de la blanca luz del Espíritu Santo,
pero decidí intentar algo más, algo que nunca había probado.
Puesto que la mente de nuestro espíritu lleva recuerdos bellos
de El Otro Lado y que sabía que Martin había realizado un
viaje seguro y feliz al Hogar, quería ver si podía reunir sus espíritus durante unos momentos. A través de esto, ella podría
recibir consuelo y reafirmación de la persona que más necesitaba. De modo que mientras Gloria todavía estaba bajo hipnosis, la conduje por el túnel por el que todos hemos viajado
tantas veces y luego me aparté para que atravesara la luz ella
sola, que se sintiera en casa y me describiera lo que estaba sucediendo. Como sabrás si me has visto a mí o a otros médiums
trabajando, los espíritus no siempre aparecen cuando se los
llama, y me guardé bien de no prometer ni tan siquiera mencionar a Martin, por si acaso no se llegaban a encontrar.

Observé su rostro relajarse y suavizarse con una sonrisa
de contentamiento. Le pregunté qué es lo que estaba viendo.

—Estoy en un jardín —me respondió—. No puedo describir lo hermoso que es. Es como si hasta los colores estuvieran vivos. Diría que nunca he visto nada semejante hasta aho-

ra, pero, sin embargo, me resulta familiar. Camino por un sendero de piedras y sé por dónde voy. Hay un edificio de mármol blanco a lo lejos, es tan blanco que casi deslumbra.

Si lees mi libro *Life on The Other Side*, reconocerás, al igual que yo, una descripción perfecta de los Jardines de la Sala de Justicia. Lo único que le dije fue:

—Sigue caminando mientras te apetezca, Gloria.

Dejó ir un suspiro repentino.

—¿Qué es? —pregunté.

—Martin —susurró admirada.

Bien. Él la ha encontrado. Le pregunté entonces qué aspecto tenía él.

—Maravilloso —respondió—. Feliz, sano y más joven.

Eso encajaba, puesto que todo el mundo en El Otro Lado tiene unos treinta años, pero no era el momento de interrumpir para hacer ese comentario.

Hubo un largo y tranquilo silencio. Al final Gloria anunció con serenidad:

—Se ha ido.

Unos minutos después estaba despierta, sentada en mi sofá, claramente preocupada y conmovida por la experiencia que acababa de tener.

—Es curioso —me dijo— cuánto le amo y le añoro, y él me ha asegurado que está conmigo en todo momento. Pero no creo que ninguno de los dos hayamos pronunciado una sola palabra en voz alta —añadió.

Una conversación telepática. Una forma muy común de comunicarse los espíritus.

—Me abrazó antes de marcharse. Pude sentir sus brazos a mi alrededor. Esto puede sonar a que estoy chiflada, pero estoy segura de que hasta he olido la loción para después del afeitado que siempre se ponía.

—A tus amigos puede que les parezca una locura cuando

se lo cuentes, pero te garantizo que a mí no me resulta nada extraño —le respondí.

—Sinceramente no me importa lo que piensen mis amigos o ninguna otra persona al respecto. No cabe duda de que en mi mente lo que acaba de suceder era real y que acabo de ver a mi esposo vivo y feliz.

Se levantó y me abrazó.

—Nunca olvidaré esto, no sé cómo agradecértelo.

No era yo quien debía aceptar el agradecimiento. Éste le pertenecía a Dios, al propio espíritu de Gloria y a sus recuerdos celulares de El Otro Lado, que hicieron que el viaje allí fuera una experiencia tan sencilla y familiar para ella. Tal como he dicho, era la primera vez que utilizaba una regresión como medio para reunir a un cliente con un ser amado fallecido, y no iba a ser la última. Gloria me llamó un mes más tarde para decirme que, aunque todavía estaba de duelo y añoraba muchísimo la presencia física de Martin, el mero hecho de conocer con absoluta certeza que él todavía estaba con ella, cuidándola y esperándola, le había renovado de forma suficiente su esperanza y fortaleza para volverse a arreglar, vestir y regresar al trabajo, que estaba a años luz de la parálisis emocional que había estado sufriendo desde la muerte de su esposo. Seamos francos, si alguna vez has conocido ese pesar, sabrás el valor que se necesita para dar esos aparentemente insignificantes pasos hacia la normalidad.

Fue otro ejemplo del potencial de curación de la memoria celular, y al igual que Gloria, nunca lo olvidaré.

En las secciones que vienen a continuación compartiré algunas de las miles de regresiones documentadas que mis colaboradores y yo hemos tenido el privilegio de presenciar desde el comienzo de mi trabajo con la memoria celular. Además de ser fascinantes, estas experiencias de vidas pasadas ilustran mucho mejor de lo que yo jamás podría hacer lo eternas que realmente son nuestras vidas, y la riqueza e inmensidad de conocimiento y recuerdos que llevamos dentro de cada uno de nosotros.

Pero estas historias son algo más que ilustraciones. En alguna parte de ellas hallarás un miedo crónico, una enfermedad física o algún problema con los que tú o algún ser querido os podréis identificar. Además de eso, hallarás el camino que otra persona siguió hasta llegar a su propia memoria celular, para abordar la fuente de ese mismo problema, a fin de poder liberarlo en la pureza de la luz blanca de Dios, sanando sus heridas del pasado y creando un futuro más saludable y pacífico.

SEGUNDA PARTE

Fobias y otros obstáculos emocionales

LIZA

- *El miedo al abandono*
- *La necesidad de una familia*

Liza tenía treinta y seis años. Llevaba cuatro años casada con Clint y, tal como ella misma lo expuso, estaba «locamente» enamorada de él. «Locamente» en su caso significaba que intentaba complacerle en todo momento, no por temor a que él la maltratara, sino por una angustiosa sensación de que su matrimonio iba a ser temporal, de que siempre corría el riesgo de decepcionarle y que acabaría abandonándola.

Por su amor por Clint y por su creencia de que eso ayudaría a solidificar su relación, Liza había intentado quedarse embarazada casi desde el primer día que empezaron a salir. Tras no haberlo conseguido después de un año, empezó a ir de un médico a otro, que le dieron distintos tratamientos, y ahora vivía la terrible ironía de que sus esfuerzos por quedarse embarazada habían conseguido el efecto contrario. Clint no podía ser más positivo ni apoyarla más, pero ella estaba convencida de que él sólo estaba aguantando el chaparrón, y que en el fondo estaba resentido con ella por no poderle dar hijos. Temía que él se marchara con otra mujer mejor, más satisfactoria, más merecedora de él y que pudiera ofrecerle la familia que ella no podía.

La primera vida a la que Liza regresó tenía lugar en Europa del Este. Ella era campesina y Clint un soldado que llevaba un uniforme rojo con botas negras. Estaban enamorados, muy comprometidos el uno con el otro, y planeaban casarse en secreto a espaldas del cruel, estricto y obsesivo padre de ella. Pero la misma noche que habían decidido fugarse juntos, su padre sospechó lo que estaba sucediendo, la sacó a rastras de su casa y la encerró en un convento lejano, donde vivió el resto de su corta vida prácticamente como una prisionera, amargada y sola, sin volver a ver a Clint ni saber qué le habrían dicho respecto a su repentina desaparición.

En la siguiente vida era una colona recién instalada en lo que ahora es Delaware, lugar al que ella y su esposo (que en esa vida no creía que fuera Clint) habían llegado sólo unas pocas semanas antes, tras haber dejado a su familia en Inglaterra, no sin reticencias pero sí con mucho coraje por la emocionante promesa de nuevas oportunidades en el Nuevo Mundo. Liza estaba embarazada de su primer hijo y estaban entusiasmados por iniciar lo que esperaban que fuera una gran familia. Pero en su sexto mes de embarazo, su esposo murió en un accidente en el barco de pesca en el que trabajaba. Con el pesar y el estrés que padeció Liza tras su muerte, perdió a su bebé. Así que allí estaba ella, una joven viuda sin hijos, a miles de kilómetros de su familia y amigos, y ella también murió al cabo de un año por tener el corazón destrozado, tal como ella dijo.

Luego vino una vida en Egipto. Liza era una fiel dama de compañía y de honor de una poderosa mujer, que cree que era miembro de la realeza. El gran amor de su vida fue el hermano de la mujer, aún más poderoso, que ya estaba comprometido en una alianza matrimonial de conveniencia política en la que no entraba el amor. Los dos mantuvieron en secreto su pasión durante varios meses hasta que fueron descubiertos. Liza fue inmediatamente exiliada por un pequeño grupo de hombres que ostentaban un cargo similar al de los de nuestro gabinete presidencial, acusada de suponer una amenaza para un matrimonio que ellos consideraban esencial para el futuro del país. Cuando al cabo de unos meses se le permitió regresar, su amante se había casado y se había marchado, la dama para la que trabajaba ahora era fría y cruel con ella por considerar que había realizado un acto de traición calculado, y fue tratada como una paria, e incluso como una traidora en potencia, durante el resto de su solitaria vida.

Nada tiene de extraño que la memoria celular de Liza estuviera repleta de abandono y de un profundo anhelo por tener una familia. Al menos tres veces había sido separada injustamente del hombre con el que intentaba pasar el resto de su vida, se le había negado el consuelo que un hijo le habría podido proporcionar, y había aprendido que los resultados inevitables del amor eran el aislamiento y un futuro en la Tierra que no ofrecía más que un desolador vacío emocional. De modo que desde el momento en que se enamoró de Clint, cada célula de su cuerpo empezó a enviar los mensajes que la mente de su espíritu les había transmitido de sus experiencias pasadas: prepárate para un mal final y, si quieres un hijo, hazlo rápido o pasarás el resto de tu vida sola.

Liza se marchó de mi consulta fascinada, aunque no convencida de que las experiencias de vidas pasadas que con tanta claridad había visto no fueran meros productos de su imaginación. Su mente consciente también tenía miedo de permitirse el lujo de sentirse segura en su matrimonio con Clint. Pero prometió que adoptaría la costumbre cada noche durante un mes de rezar para que cualquier dolor o negatividad que trajera de otras vidas fuera liberado de su memoria celular junto con la mente de su espíritu en la luz blanca del Espíritu Santo, para que pudiera apreciar realmente todo lo que ella podía dar y recibir en esta vida. Tal como le dije: «No me importa si piensas que es la idea más descabellada que has oído jamás, ríete de mí y hazlo. Si no notas ninguna diferencia en tu vida tras un mes, llámame y dime que no sé de lo que estoy hablando».

En realidad fue Clint quien llamó seis semanas más tarde. «No sé lo que le hiciste a mi esposa, pero has de patentarlo», me dijo cuando descolgué el teléfono. «Solía inventarse excusas para llamarme tres o cuatro veces al día a mi trabajo, sólo para asegurarse de que estaba allí; cada vez que me marchaba de casa me asediaba con preguntas sobre adónde iba y cuándo iba a regresar, y se desesperaba si llegaba unos minutos tarde. Francamente, parecía más una guardiana que una esposa, por mucho que le asegurara que no iba a abandonarla. Sin embargo, desde que fue a verte ha cambiado por completo. Está más relajada, se siente más segura, es mucho más feliz y, lo mejor de todo, parece que por fin confía en mí. Ahora estoy deseando llegar a casa en lugar de temerlo como solía pasarme; sólo quería que supieras cuánto apreciamos los dos tu trabajo.»

Un año más tarde llegó una posdata aún mejor, cuando recibí una radiante foto en Navidad de Liza, Clint y su hija recién adoptada. Por cierto, no le pusieron Sylvia.

CYNTHIA

• *Una necesidad autodestructiva de atención*

Cynthia era una persona de treinta años que me había remitido un amigo psiquiatra. Su necesidad de atención era obvia incluso antes de que entrara en mi despacho. Pude oírla hablando y riendo en la recepción a casi el doble de volumen que cualquier persona consideraría normal, y debido a su costumbre de hacer grandes aspavientos al hablar, dio un golpe a una lámpara y derramó su café mientras no hacía más que presentarse a mis colaboradores. Cuando salí para hacerla pasar, observé que su ceñidísimo vestido, demasiado corto y escotado, su exagerado pelo corto y su desmesurado maquillaje estaban calculados para pregonar el mismo mensaje que su estruendosa voz y llamativos gestos: «¡Mírame!».

Al principio parecía determinada a convencerme que era una de las clientes más felices que había conocido, y que había decidido venir a verme no porque tuviera un problema sino porque me había visto en la televisión y había pensado que podía ser divertido. En cuanto a su «necesidad de atención» que su psiquiatra reivindicaba, ella consideraba que era una reacción exagerada por parte de él. Al fin y al cabo, ¿a quién no le gusta que le presten atención, y qué hay de malo en ello si eso te hace feliz? No cabe duda de que a muchas personas no les caía bien justo por eso, pero todo el mundo podía darse cuenta de que lo que sentían era envidia.

No hacía falta ser vidente para reconocer, tras unos minutos de este rápido y vivaz monólogo, que se estaba quejando e intentando convencerse a ella misma de que era una mujer feliz y desenfadada a la que le gustaba su vida. Al cabo de media hora estaba llorando, su voz era tranquila y casi tímida, mientras me dejaba ver tras su máscara lo sola, triste y fuera de control que en realidad ella sabía que estaba. Esta necesidad de atención que supuestamente le gustaba le había costado varios trabajos, donde se la había tachado de ser perturbadora o «inapropiada». Eso también la había llevado a ser compulsivamente promiscua, a menudo con los novios de sus amigas, lo cual había acabado con el rechazo de unos y otras. En lo que respecta a sus propios novios, parecían estar con ella el tiempo suficiente como para pasárselo bien sexualmente y luego irse con otras mujeres que exigían el respeto que Cynthia no pedía, o sentía que no podía hacerlo porque ella misma no se respetaba. Pasaba demasiado tiempo haciendo vida social en los bares, lo que la estaba llevando a un problema de alcoholismo potencialmente peligroso, y fue ese problema el que la condujo a hacer terapia, como si creyera que todo lo demás le iba bien. Al cabo de ocho meses, ni ella ni su psiquiatra notaban que se estuviera produciendo ningún progreso; tampoco había nada en su segura, estable y destacadamente adorable infancia en una familia de clase media, que diera alguna pista evidente sobre su incontrolable y creciente terror a pasar inadvertida.

Era una persona perfecta para la hipnosis: abierta, sensible y expresiva. Puesto que su problema era tan específico y apremiante, le pedí que fuera al punto de entrada. Saltó justo a su repentina y violenta muerte como un muchacho de diecisiete años en una batalla entre los franceses y los indios norteamericanos. Lo siguiente que vio fue que estaba sola en un vasto océano de verdes colinas redondeadas, cerca de una sencilla casa de piedra con un techo de paja. Como en el caso de

Alain que he descrito antes, al principio supuse que estaba escuchando la narración de los primeros momentos de Cynthia en El Otro Lado. Pero cuanto más hablaba, más me convencía de que, adondequiera que hubiera ido tras esa muerte en concreto, no era el Hogar.

Había muchos niños dentro y fuera de la casa, y varias mujeres que vestían trajes largos los estaban vigilando. Cynthia los estaba mirando a través de una ventana, y tenía la sensación de que, para poder hacerlo, debía haber flotado ligeramente por encima del nivel del suelo. Ella deseaba con todas sus fuerzas unirse a los niños y jugar con ellos, pero sabía que no podía. También sabía que, a pesar de que ella pudiera ver y oír perfectamente a esas personas, éstas no podían ni verla ni oírla, como si no existiera. Pero lo más importante es que ella sabía que llevaba allí mucho tiempo, que de algún modo estaba atrapada en ese lugar. Lo que más anhelaba era salir de ese sitio, poner fin a ese abrumador aislamiento que sentía, de pie tras una ventana, perdida, sola y condenada a su silenciosa e invisible existencia, mientras nadie a su alrededor se percataba de su presencia o se preocupaba de ella.

Es decir, la memoria celular que estaba conduciendo a Cynthia a su desesperada necesidad de atención era el horrible tiempo que pasó entre vidas sintiéndose impotente y ligada a la Tierra, o como un fantasma entre este mundo y El Otro Lado, pero sin pertenecer a ninguna parte, «merodeando» por un orfanato católico de Irlanda. Puedo contar con una sola mano el número de clientes, entre varios millares, que han regresado a su terrible existencia como fantasmas, esperando a que alguien del Hogar los rescatara o que alguien de la Tierra los liberara. En todos los casos cada cliente estaba luchando a su manera para hacer frente a su sentimiento de ser un extraño, intentando encontrar la manera de que le hicieran caso, de no ser excluido y ser aceptado, que en el fondo es lo que Cynthia quería.

Como ya he dicho anteriormente, muchas veces la mente consciente puede ser engañada, pero la mente del espíritu y la memoria celular sólo vibrarán y responderán a aquello que saben que es cierto. No cabía la menor duda en la mente de Cynthia de que jamás podía haber imaginado esa no-vida ligada a la Tierra durante su regresión. Había recordado algo tan real como levantarse esa mañana, vestirse y venir a mi consulta, y sintió la liberación de todo el dolor de esa memoria celular con tanta realidad como si le hubiera bajado una fiebre que hubiera padecido durante mucho tiempo.

Tengo una hermosa carta de diez páginas que me escribió ocho meses después. Con la ayuda de un programa de rehabilitación de doce pasos y una decidida determinación de hacer de su vida algo que valiera la pena, había dejado de beber. Además, ya no le quedaba tiempo para malgastar las noches en los bares: había ingresado en la universidad con el propósito de ser maestra. «Creo que todavía necesito la atención de todos esos niños —me decía—, pero ahora quiero conseguirla ayudándolos y siendo un ejemplo de una persona que ha cometido todos los errores posibles, y que aun así ha sabido salir adelante.» Se estaba tomando un descanso en las relaciones hasta estar segura de «estar lo bastante sana como para atraer una relación sana», también estaba en el proceso de reconciliarse con sus amistades que sentían que ella las había traicionado en el pasado.

Por último, algo también muy importante, me mandó una fotografía de una encantadora joven con un rostro natural y renovado, una subestimada belleza que podía atraer toda la atención que quisiera con la paz mental y confianza que proyectaba. Hubiera asegurado que era la hermana menor de una mujer frenética que vino a verme, si no hubiera leído la nota que ponía: «Con amor y gratitud de una desligada de la Tierra, Cynthia».

RYAN

- *Distancia emocional de un cónyuge*
- *Sentimientos ambivalentes sobre la vida*

A sus cuarenta y siete años, Ryan era el prototipo del hombre con éxito de la clase media alta. Tenía todo lo que jamás hubiera pensado que querría tener, y más, lo cual le hacía aún más difícil comprender su creciente desinterés por la vida en general y su matrimonio en particular. Su descontento empezó a poner en peligro demasiados aspectos de su mundo, que verdaderamente apreciaba, y la única explicación que se le ocurría era que debía encontrarse en medio de una turbulenta crisis de la mitad de la vida. «Detesto la idea de ser un cliché cultural —me dijo—, pero odio mucho más lo que está haciendo con mi mujer y conmigo. Yo la quiero. Llevamos juntos veintiséis años, por la voluntad de Dios. No quiero perderla. Pero ella siente que lo único que hago es alejarla de mí cada vez que intenta acercárseme. El caso es que tiene razón. Me doy cuenta de que eso es lo que hago. No soporto hacerlo y me lo recrimino, y en cuanto vuelvo a darme cuenta, ya lo he hecho otra vez. Creo que es porque ella sabe que no soy feliz, quiere que me abra y le cuente lo que me pasa para resolverlo juntos, pero no puedo hacerlo porque no tengo ni la menor idea de qué es. Quizá el problema sea que no pasa nada. No tengo motivos para quejarme, así que es evidente que el problema soy yo. He perdido mi pasión, mi curiosidad, mi felicidad y mi sentido de esperar algo de la vida. Siento que emocionalmente todo me da igual y que he de reencontrarme a mí mismo.»

Él lo llamó crisis de la mitad de la vida. Yo lo llamo «etapa de sequedad». La mayor parte de las personas que conozco, ricas o pobres, casadas o solteras, que trabajan mucho o que están sin empleo, famosas o anónimas, sanas o crónicamente enfermas, han atravesado esa indiferencia emocional que describía Ryan. Yo también la he pasado, y no se la deseo ni a mi peor enemigo. Le di a Ryan mucho mérito por haber conseguido reunir la suficiente energía y hacer el esfuerzo de venir a verme, porque cuando me sucedió a mí, lo único que pude hacer fue levantarme de la cama. Lo padecí una vez de golpe en un solo día hasta que desapareció de forma natural —como suele sucederle a la mayoría de las personas tarde o temprano— de modo que estaba especialmente intrigada por ver si una regresión y la liberación de la carga de la memoria celular podían acelerar el proceso de sanación de este triste problema tan real.

En la primera vida que Ryan recordó era una mujer, una contable que vivía en el norte de Inglaterra. Tuvo una vida que, según parece, empezó de manera trágica y siguió del mismo modo. Fue la única hija concebida en un matrimonio sin amor. Su madre padeció una serie de pequeños accidentes vasculares cerebrales cuando estaba dando a luz y su padre pronto se esfumó en lugar de responsabilizarse de un bebé no deseado y de una esposa enferma que había llegado a detestar. Desde que era muy pequeña su madre le dejó claro que no había sido una hija deseada, y la culpaba de su hemiplejía y de que su padre la hubiera abandonado. Ella aceptó esa culpa y se pasó toda la vida siendo la única cuidadora de su debilitada, cruel y vengativa madre. Nunca se casó, y ni tan siquiera se le pasó por la cabeza tener amigos, ir a fiestas, enamorarse o pensar en el resto del mundo, lleno de promesas más allá de las paredes de su trabajo y de la pequeña, oscura y destartalada casa a la que regresaba cada noche. Ella reprimía todas las emociones que amenazaban con romper el vacío familiar que había aceptado como deuda con su madre, a la que jamás podría recompensar, y todos esos sentimientos latentes acabaron enconándose en un cáncer de estómago que le costó la vida.

La segunda vida pasada que Ryan recordó fue en Gales, a finales del siglo XIX. Esta vez era un hombre, muy alto y delgado, imberbe, con una gran nariz y «manos de artista», con dedos largos y gráciles. Era un maestro ebanista que viajaba por todo el país para atender a sus múltiples y agradecidos clientes. Se enamoró y se casó a los cuarenta y pocos años con una encantadora vendedora a la que él le doblaba la edad. Al cabo de un año ésta le dio un hijo, y él estaba convencido de ser el hombre más afortunado y feliz de la Tierra. La felicidad terminó de pronto y de manera trágica cuando su esposa y su hijo murieron en un accidente en un paseo en barca. Ryan tenía cuarenta y ocho años cuando volvió a encontrarse solo, y ni siquiera el ministro de su iglesia, que era su mejor amigo y en quien más confiaba, podía ayudarle a aliviar su dolor. Se volvió a encerrar en su trabajo, pues su habilidad todavía estaba intacta, pero su dicha había desaparecido, y cuando la muerte vino a buscarle poco después de cumplir los sesenta y un años, éste le dio la bienvenida. «Fue fácil y un alivio —me dijo—, sencillamente dejé de vivir.»

Ahora en su vida actual, Ryan, con cuarenta y siete años, tenía una esposa a la que amaba, y su memoria celular le estaba diciendo que se preparara a perderla y a decir adiós a su felicidad con ella. Su vida en Gales le había enseñado que toda calidad real de vida terminaba a los cuarenta y ocho años, y su vida en Inglaterra le había enseñado que estar emocionalmente muerto era una buena protección contra los sentimientos que pueden provocar sufrimiento y futilidad. Gracias a la memoria celular, Ryan ya estaba padeciendo con anticipación pérdidas que en realidad había sufrido hacía cientos de años y se estaba distanciando como un medio de defensa que había aprendido demasiado bien cien años antes. Liberar esos recuerdos celulares le permitió revivir esas vidas de una vez por todas y dedicarse a sacar el mayor provecho de su vida actual.

Un mes después de su regresión, Ryan me llamó. Su voz monótona y apagada de la primera vez, ahora era la de un barítono que sonaba viva e interesada y me quería comunicar que se iba con su esposa a una segunda luna de miel a Maui a finales de esa semana, pero lo más importante es que él realmente estaba ilusionado. Cinco años más tarde todavía siguen juntos, prosperando y siendo más felices que nunca. Siempre le aplaudiré, al igual que hago con todos mis clientes de regresiones, por tener el valor de enfrentarse al pasado en busca de un futuro más rico y significativo.

BETSY

• *Agorafobia*
*(Miedo extremo a los espacios exteriores
o a los lugares públicos)*

Betsy tenía cuarenta y dos años. Hacía más de diez años que padecía agorafobia y, a pesar de los tranquilizantes y de mucho trabajo con diferentes terapeutas, no hacía más que empeorar. Le había costado su matrimonio y su lucrativo trabajo como compradora de una importante cadena de grandes almacenes, y estaba a punto de costarle su casa si no encontraba la forma de superarla pronto.

Le pregunté si recordaba la primera vez que se dio cuenta que tenía ese problema. Se acordaba muy bien. Se disponía a iniciar su primer día de trabajo después de haber tenido un aborto, al segundo mes de su único embarazo, y de camino se detuvo en el banco. Estaba en la cola cuando sintió un repentino ataque de pánico. Era una sensación tan extraña y fuerte que pensaba que se iba a desmayar. Un sudor frío empezó a recorrerle la nuca, y se esparció hasta que toda la parte posterior de su blusa quedó empapada. Cuando le tocó su turno y empezó a caminar apresuradamente hacia la ventanilla libre, se quedó paralizada, desorientada. La ventanilla parecía estar a miles de kilómetros de distancia. Las tenues voces que oía a su alrededor sonaban como si las estuviera oyendo desde el fondo de un profundo pozo. Se dio media vuelta, salió corriendo del banco y no recuerda cómo llegó a casa. Recordaba la gran preocupación de su marido, sus infructuosos esfuerzos por hacer que volviera a su trabajo, y su paciencia, la cual poco a poco se fue erosionando con el paso de los años, a medida que ella se encerraba cada vez más y era menos capaz de contribuir en su matrimonio, en ningún aspecto emocional, económico o físico. El divorcio llegó por su propia insistencia de que ya no podía soportar más el estrés añadido de ver la decepción y la forzada tolerancia en sus ojos, y francamente se sintió aliviada cuando él se marchó.

El primer impulso de Betsy fue que yo le dijera lo que le estaba causando la agorafobia en lugar de someterse a una regresión. Al igual que muchos otros clientes, no tenía miedo a ser hipnotizada, sino a que yo no pudiera conseguirlo. Es cierto que algunas personas entran en un «trance hipnótico» más profundo que otras, pero nunca he tenido un cliente que no pudiera «entrar en trance» o revivir al menos una vida. Podía haberle explicado a Betsy cuál era el motivo de su problema, pero, como he dicho antes, es mucho más eficaz cuando son los propios clientes los que descubren por ellos mismos esas experiencias de vidas anteriores. Al final optó por «intentar» que la hipnotizaran, pero cuando dejó de «intentarlo», se relajó y permitió que sucediera, fue una paciente fantástica. Al percibir que estaba lista para empezar su viaje al pasado, creí que su situación era lo bastante urgente y dramática como para sugerirle que fuera directamente a los puntos de entrada.

Hizo una respiración profunda y luego me dijo que estaba de pie al lado de una ventana, llevaba puesto un bonito vestido que ella misma se había hecho. Tenía diecisiete años, estaba en México, y por su reflejo en un pequeño espejo ovalado sobre la pared de adobe de su habitación podía ver que era guapa, con una larga cabellera de grueso pelo negro, boca grande y un perfecto rostro moreno en forma de corazón. Se detuvo a mitad de su descripción para anunciarme algo.

—Alguien acaba de entrar.

—¿Quién es? —le pregunté.

—Mi padre.

—¿Qué sientes respecto a tu padre?

—Pánico. Ha venido para sacarme de aquí.

—¿Para llevarte adónde, Betsy?

Jadeó al darse cuenta de lo que se trataba.

—Para abortar.

Se empezó a poner nerviosa. Las manos le temblaban ligeramente.

—Está bien, no está pasando ahora, sólo estás observando y contándome lo que pasa. No tienes nada que temer —le dije para tranquilizarla—. ¿Quién es el padre de la criatura?

—Trabajaba para mi padre. Yo le amaba. Mi padre nos descubrió, le golpeó y él huyó. He deshonrado a mi familia al quedarme embarazada sin estar casada, de modo que mi castigo será perder el hijo. Mi padre conoce a un hombre en otra ciudad que se encarga de estas cosas.

Ya sabía cómo terminaba esta historia, pero no quería conducirla hasta allí, de modo que sencillamente le pregunté:

—¿Te sientes segura?

Movió lentamente la cabeza.

—Morí allí. Me desangré hasta la muerte.

Tras una pausa añadió.

—Estuve contenta de irme. Mi madre y mi abuela me estaban esperando.

Unos minutos después, con mi sugerencia de centrarse en sus puntos de entrada, era una mujer japonesa que vivía en Kyoto. Tenía unos treinta años cuando contrajo matrimonio, que había sido previamente acordado. Su obediencia casi patológica y su ardiente deseo de complacer a su marido, provocaron que de inmediato dedicara su vida a servirle. Tuvieron un hijo, que murió de neumonía a los cuatro años. Su esposo se aisló con su pesar, la culpó a ella injustamente y empezó a pasar cada vez más tiempo fuera de casa viajando. Sus padres no le ofrecían ningún consuelo, puesto que estaban avergonzados de ella por no saber hacer feliz a su esposo y retenerle en el hogar, y ella literalmente se murió de hambre, despreciada, sola y ansiosa por marcharse, seis años después de la muerte de su hijo.

Era comprensible, pues, que en esta vida su aborto le activara su memoria celular que equiparaba la pérdida de un hijo con la vergüenza, el rechazo, la soledad y la propia muerte. Su inocente salida al banco, de camino al trabajo, era su primera salida desde el aborto, y activó un millar de alarmas en su interior, que clamaban que seguir adelante con su vida no era posible, que todos los que la amaban acabarían dándole la espalda y castigándola, y que la muerte sería su único refugio. Ella había estado creando ese aislamiento de desamor durante diez años. Ese día, en mi consulta, por fin comprendió la razón.

Al fin de semana siguiente de venir a verme, Betsy tomó un vuelo de tres horas de duración a la Costa Este, para ver a su ex marido por primera vez en diez años. Sin estar muy segura de que aceptaría esa idea de la regresión, esperaba que comprendiera su explicación, por muy poco probable que fuera, de por qué le había forzado a marcharse. De todos modos era mejor eso que nada. A pesar del escepticismo de él, no podía rebatir el milagroso hecho de que ella se hubiera aventurado a salir a la calle y montarse en un avión, ni sus muestras de ternura y entusiasmado afecto por estar con él. A los seis meses había vuelto a trabajar como compradora de ropa antigua para un selecto elenco de tiendas de antigüedades, tomó cursos sobre diseño de moda y gráficos por ordenador, y se lo combinaba para ir a ver a su ex marido dos veces al mes de cara a una posible reconciliación. Cuando le dije que no parecía una mujer que estaba decidida a dejarse morir joven y sola, se rió y con su sencilla respuesta dijo un montón de cosas:

—Gracias de todos modos, Sylvia, pero ya he pasado por eso y ya he tenido bastante.

WENDY

• *Miedo al agua*

Wendy tenía treinta y un años y estaba soltera; se había educado en una isla de la costa del estado de Washington. Nadar, remar y hacer esquí acuático eran actividades que había practicado desde que tenía uso de razón, y cuando se licenció en la universidad y comenzó su vida profesional en el campo del marketing en St. Paul (Minnesota), aceptó de buen grado tener que emplear una hora de desplazamiento para ir al trabajo al alquilar una habitación en una casa de huéspedes al lado de un pequeño y hermoso lago.

Su vida era feliz, sin problemas y, utilizando sus propias palabras, «ordinaria» hasta que cumplió los veintinueve años. Una noche se fue a la cama como de costumbre, y a las pocas horas se despertó sobresaltada y aterrada al oír el que una vez había sido el tranquilizador sonido del agua del lago, lamiendo el embarcadero que tenía bajo su ventana. Apresuradamente hizo la maleta y huyó a un hotel en la ciudad, y nunca volvió a pasar otra noche en la casa de huéspedes del lago. Tal como lo describía era como si el agua, que había sido una amiga familiar para ella, se hubiera desenmascarado y mostrado el seductor y letal monstruo que en realidad era; sentía que, si se acercaba a ella, ésta acabaría destruyéndola. El miedo se desató tan de repente y con tanta fuerza que nada tenía que ver con su naturaleza racional y lógica bien equilibrada, hasta el extremo de preguntarse si no habría tenido un brote psicótico. Su médico de familia resultaba ser un antiguo amigo mío. Si ella no hubiera confiado tan plenamente en él, puedo decir con toda seguridad que nunca hubiera intentado recobrar su salud mental yendo a ver a una vidente para que le hiciera una regresión.

Probablemente habrás adivinado que la regresión de Wendy reveló que se había ahogado en otra vida a la edad de veintinueve años. Eso es justamente lo que sucedió. Era el año 1836, y viajaba en un ferry por el Misisipí para casarse con su prometido, cuando el barco naufragó. El peso de sus largas faldas la arrastró hacia abajo y evitó que pudiera nadar a tierra. Si también has adivinado que desvelar ese recuerdo celular de la tragedia curó inmediatamente su herida y le permitió reconciliarse con el agua, has vuelto a acertar.

No obstante, la historia de Wendy es una forma de introducir otro aspecto valioso de la memoria celular: muy a menudo, al llegar a la raíz de un problema, también aparece la solución a otro, de modo que se curan a la vez dos o tres heridas del espíritu.

Ese fue el caso de Wendy. Se quedó muy conmovida con su regresión y por la claridad cristalina de ésta, y cuanto más hablábamos tras mi oración, de que liberara todo el dolor y negatividad acumulados en vidas pasadas en la luz blanca del Espíritu Santo, más cuenta se daba de que puede que también hubiéramos resuelto otro asunto al que venía enfrentándose desde hacía años. Se había enamorado dos veces en su vida, de hombres sanos, atractivos, triunfadores y comprensivos. Ambas relaciones habían sido buenas, y habían progresado felizmente hasta que en ambas ocasiones él le había propuesto matrimonio. Ella rechazó ambas propuestas, dándoles a ellos y a sí misma vagas excusas como «No estoy preparada», «Pues claro que te quiero, sólo que no estoy segura de estar enamorada de ti», o «Necesito concentrarme en mi carrera en esta etapa de mi vida». Pero la verdad era que, por razones que nunca había entendido, el mero hecho de pensar en comprometerse con alguien, incluso con hombres en buena posición como los suyos, la llenaba de angustia y de un irrefrenable impulso de salir corriendo. Cortó con ambas relaciones de golpe y nunca volvió a verlos. Ella explicaba su reacción como que había tenido una «intuición» que la había prevenido para no cometer un error. Tras su regresión, se preguntaba si quizá no había sido una intuición, sino la memoria celular que le estaba recordando que el compromiso termina en muerte. ¿Podía realmente la memoria celular haber sido responsable de su miedo de toda la vida a los compromisos serios?

Cuatro años después, Wendy vive felizmente casada y está enseñando a nadar a sus gemelos de tres años de edad. Creo que esto responde de sobras a la pregunta.

NELL

• *El final de un romance*

Todos hemos pasado por ello. Todos conocemos el dolor del rechazo de alguien del que todavía estamos enamorados. Es horrible, debilitador, y la única forma de recuperarse es el tiempo y la determinación de superarlo.

Nell tenía cuarenta años, era inteligente, atractiva y equilibrada. Había vivido con George durante cinco años, hasta que él la dejó por una mujer de veinticinco años que estaba embarazada de un hijo suyo. Había pasado más de un año desde entonces, pero a pesar del apoyo de sus familiares, de su pastor, de los antidepresivos y ocho meses de terapia, la herida estaba tan fresca para Nell que la paralizaba del mismo modo como el día en que George se marchó. Todavía no podía comer, dormir, ni trabajar. Se estaba adelgazando peligrosamente y estaba anémica, sus bonitos ojos castaños estaban vacíos y hundidos, y se sentía humillada por tener que pedir dinero prestado a su padre para pagar el alquiler. Estaba asustada y confundida por lo que le estaba pasando. Había tenido otras relaciones antes, incluso un breve e impetuoso matrimonio, y al final habían acabado rompiendo por mutuo acuerdo. Pero, por más que se recordara a sí misma que ya se había recuperado antes de ese dolor y que sin duda podía volver a hacerlo, era consciente de que estaba durando mucho; se encontraba en un verdadero apuro, temía por su vida y no podía comprender la razón.

Le dije que se tomara su tiempo y que regresara a tantos puntos de entrada como pudiera hallar. Unos minutos más tarde, Nell estaba en Alemania, tenía nueve años, vivía con su hermano de once años y su anciana tía en una casa amarilla. Desde la muerte de sus padres, su hermano y ella se habían convertido en amigos inseparables. Él la amaba y la protegía, la consolaba por la noche cuando gritaba debido a sus pesadillas, le enseñó a leer, encendía el fuego del hogar cuando tenía frío, le hacía comida caliente cuando su tía estaba enferma o demasiado cansada. Pero lo más importante es que él le prometió que cuidaría de ella toda la vida, y le creyó. Cuando eran mayores y su tía murió, su hermano se marchó a la guerra. Ella se quedó en la casa amarilla y trabajaba de modista, mientras esperaba su regreso. No oyó una palabra de él hasta transcurridos muchos años, cuando una mujer a la que no conocía llamó a su puerta. Se presentó como la esposa de su hermano y le dijo que éste había muerto. Había sobrevivido a la guerra, pero murió de una caída de caballo dos años más tarde. La mujer aceptó la invitación de Nell a pasar la noche; sin embargo, a la mañana siguiente cuando Nell se despertó, se había marchado y no volvió a verla. A partir de ese momento se quedó desconsolada, no sólo por la noticia de que su querido hermano había muerto, sino por saber que tras haber finalizado la campaña militar ni siquiera había vuelto a buscarla o había contactado con ella. Su desconsuelo y el duro golpe que había supuesto el ser traicionada por la persona que ella estaba segura de que verdaderamente la amaba, fueron demasiado para que pudiera soportarlo y murió de una insuficiencia cardíaca congestiva —en su caso, un verdadero corazón roto—, a los cuarenta y cuatro años.

Yo no suelo viajar atrás en el tiempo con mis clientes, pero en esta ocasión estaba allí con Nell y vi a la mujer desconocida que iba a verla. Si alguna vez me habéis visto trabajando, sabéis que no me ando con chiquitas y que supondría un incumplimiento de mi contrato con Dios calmar a un cliente diciéndole lo que quiere oír, cuando no estoy segura de que sea cierto. De modo que en el caso de Nell, cuando la interrumpí para decirle lo que realmente había sucedido, no pretendía hacer que se sintiera mejor. Resumiendo, la mujer era una mentirosa, y no había sido la esposa del hermano de Nell. Se había enamorado obsesivamente de él, mientras todavía estaba en la guerra, y le mató cuando él la rechazó. No pudo evitar ir a conocer a Nell por una cruel curiosidad, pero tenía que desaparecer antes de que ella inevitablemente descubriera que era una impostora.

Ya lo he dicho muchas veces antes, pero creo que ahora vale la pena repetirlo, que aunque la mente consciente puede ser engañada, la mente del espíritu reconoce al instante la verdad y vibra con ella. Nell sabía que acababa de escuchar la verdad respecto a una tragedia en esa vida pasada, casi doscientos años de memoria celular, sufriendo la pérdida de un hombre que era al mismo tiempo su hermano, su mejor amigo y su única familia, añadida al engaño de que la había abandonado y traicionado, y que por lo tanto era posible que no la hubiera amado.

Las palabras «¿te das cuenta?», son el mejor puente que he hallado para ayudar a un cliente a establecer la conexión entre un trauma pasado y una situación actual. Entonces las utilicé.

—¿Te das cuenta cómo ese pesar de otra época, que no has resuelto, ha ido añadiendo capas y capas de dolor a la ruptura que tuviste hace un año? —le dije a Nell—. Ambas situaciones implicaban a un hombre al que amabas, con el que habías vivido y en quien confiabas, ambas implicaban a una mujer, y en las dos situaciones de un modo u otro hay mentiras y traición. En esta vida George te ha hecho justo lo que hasta ahora creías que tu hermano te había hecho. Ahora que sabes la verdad sobre tu vida pasada y que puedes sanar tu herida, puedes empezar a curarte de la verdad respecto a esta vida presente: que tu hermano en Alemania merecía tu amor y tu confianza, pero que evidentemente George no le llega a tu hermano ni a la suela de los zapatos.

Nell no estaba del todo convencida de que sería tan fácil, pero me prometió que durante un mes empezaría y terminaría el día con la oración para que el pesar, el sufrimiento, la traición y todas las otras negatividades que traía de esa vida o de otras se disolvieran en la sagrada pureza del amor de Dios mediante la luz blanca del Espíritu Santo. Supe que había emprendido el camino para un buen principio cuando al día siguiente me dejó un mensaje diciéndome que se había ido a casa para «exorcizar» todas las fotos de George, todas las notas y cartas que él le había escrito, e incluso las «horripilantes» (esta palabra es suya, no mía) joyas que le había regalado, que posteriormente descubrió que había comprado otras idénticas para la «otra». Recibí una hermosa carta de despedida seis semanas más tarde; había aceptado un trabajo en otro estado, era un traslado que había rechazado dos veces, por si acaso George cambiaba de parecer y decidía regresar con ella. Ahora ya no le importaba. Estaba entusiasmada por empezar una nueva vida, y nunca nadie ha podido convencerla de que esa nueva vida no habría sido posible si no hubiera hecho las paces con una vida pasada que no sabía que existía.

SHELDON

- *Un exagerado sentido de la responsabilidad*
- *La necesidad de que todo esté en orden*
- *Miedo a la muerte cada vez mayor*
- *Consumo de drogas*

Hay algunos clientes que me llegan especialmente al corazón, y Sheldon fue uno de ellos. Era un diseñador de interiores muy bueno, un hombre gentil y generoso, espiritual sin aspavientos, y un extraño fenómeno conocido como un verdadero inocente, tan desconcertado por la injusticia, la mezquindad y la deshonestidad a sus cuarenta y tantos años como cuando tenía cuatro, a pesar de llevar dieciocho años en una profesión que normalmente le exponía a todo eso y más. Si a alguna persona le pasaba algo tanto física como emocionalmente, él se preocupaba por ella, consideraba que tenía la responsabilidad de arreglar las cosas. Trabajaba mucho, amaba de todo corazón y lo demostraba, y lo que más me conmovió fue su adoración por los animales, porque generalmente los consideraba mejor compañía que las personas y daban más sentido a su vida.

La necesidad compulsiva de Sheldon de tratar que todo fuera justo y correcto en un mundo donde las cosas no van a ser de ese modo, por más que lo intentemos, le pasó factura de unas cuantas formas significativas que fueron la razón de que viniera a verme. Por una parte, aunque era una persona optimista y feliz por naturaleza, cada vez le resultaba más difícil disfrutar de una vida en la que las palabras «¿y para qué?», empezaban a surgir con demasiada frecuencia. Por último, desde que cumplió los cuarenta empezó a tener unos dolores en el pecho para los que no había ninguna explicación médica, y cada vez estaba más convencido de que iba a morir de un ataque al corazón. Para terminar, con el paso de los años, poco a poco, pero sin dar marcha atrás, había ido cayendo en el mundo del consumo de drogas. Así mismo, sin decir nada había iniciado un Programa de Doce Pasos, que le estaba ayudando mucho, pero siempre temía volver a caer, y no tenía la menor duda de que todavía era vulnerable a la vía de escape de unas pocas horas de irresponsabilidad que supuestamente ofrecen las drogas «recreativas». (¿Quién acuñaría ese ridículo término? ¿Significa eso que existe tal cosa como la «sobredosis recreativa», «el dejar de consumir drogas recreativo» y el «suicidio recreativo».)

En otras palabras, a Sheldon le pasaban muchas cosas, pero lo fue revelando poco a poco. Por lo único que en realidad había venido a verme era por su «certeza» de que sus dolores en el pecho eran el aviso de un infarto mortal, tanto si sus médicos le creían como si no. No obstante, como tantas veces sucede con los pacientes de regresión, otros temas contra los que también estaba luchando empezaron a salir a la superficie, deseando que se supiera que existían para poder ser sanados.

La primera vida que describió Sheldon transcurría en Europa del Este. Era sastre, tenía una pequeña tienda cerca de la modesta casa donde trabajaba mucho para mantener a su esposa e hijos. Lo poco que tenían, lo había ganado orgullosamente con sus habilidosas y artísticas manos y hallaba un gran alivio en la tranquila y ordenada previsibilidad de su vida. Una noche cerró su tienda y se dirigía hacia su casa, cuando un ladrón salió de la penumbra, le disparó en el pecho, le robó su reloj de bolsillo y el poco dinero que tenía. No murió en paz. Yació allí en la oscuridad, desangrándose lentamente hasta la muerte, preguntándose de qué le había servido trabajar tanto, su forma de vida deliberadamente simple y tranquila y su total dedicación para conseguir el bienestar de su mujer y sus hijos, para que todo terminara en un acto tan repentino, violento, fortuito y sin sentido. ¿Cómo había llegado a ser tan confiado para no sentir el peligro hasta que era demasiado tarde, o cómo le pillaron tan por sorpresa que no le dio tiempo a reaccionar para defenderse? ¿Cómo había sido tan descuidado y no había tomado otro camino mejor iluminado, en vez de dejar así a su familia sin nadie que cuidara de ella? Los escasos ahorros que había conseguido reunir no les durarían ni un mes. ¿Por qué no había trabajado más, sabiendo que él era lo único que tenían? Este buen hombre modesto y responsable de cuarenta y tres años dio su último suspiro solo, odiándose sin razón por una vida de la que podía sentirse orgulloso.

Muerto a los cuarenta y tres años por una herida de bala en el pecho, debido a circunstancias que estaban fuera de su control. Ahora, en esta vida, Sheldon, al cumplir los cuarenta sufría de dolores en el pecho y tenía miedo a la muerte debido a esos dolores, y estaba exageradamente preocupado por asegurarse de que todo lo que le rodeaba estaba en orden y bajo control, todo ello gracias a los recuerdos celulares que llevaba sin saberlo. Revivió brevemente otras dos vidas pasadas mientras estuvimos juntos: una en África y otra en Mongolia. En ambas era el único cuidador o de su hijo o de alguno de sus padres, con la responsabilidad añadida de «muchos animales» en su vida en Mongolia. En una de esas vidas murió a los treinta y nueve años por una herida de lanza en el pecho, y en la otra de un ataque al corazón a los cuarenta y cuatro años.

Tengo la responsabilidad de ayudar a cualquier cliente a conseguir el máximo de una lectura psíquica o de una regresión, pero es indudable que el tiempo que pasamos juntos sólo puede ser útil en la medida en que el cliente haga un esfuerzo de su parte cuando abandona mi consultorio. No dudé ni por un momento de que Sheldon era lo bastante responsable y serio como para hacer algo para que su regresión tuviera un efecto duradero, y no me defraudó. Casi por «coincidencia» (como si eso existiera), nos encontramos una noche en una fiesta bastante íntima, cuatro meses más tarde. Nos las arreglamos para conseguir un poco de tiempo en privado, así pude averiguar cómo le iban las cosas, y más específicamente, si sentía que haber explorado sus vidas pasadas y las impresiones que éstas habían dejado en su memoria celular le había servido de algo. Con mis «educados modales», le pedí que fuera sincero, y que si no había observado cambios positivos no dudara en decírmelo; creo que le dije literalmente: «Si me mientes para ser educado, te mato».

Lo primero que me dijo fue que desde nuestra sesión no había vuelto a tener ningún dolor en el pecho. Ni uno. Y las pocas veces que había pensado en ellos, pudo rechazarlos con un simple pensamiento: «Memoria celular, eso es todo». Le pregunté si con el alivio de sus dolores en el pecho habían cesado sus temores a la muerte. Una mirada de ligera sorpresa se dibujó en su cara.

—¿Tenía miedo a la muerte, verdad? —me preguntó sorprendido—. Me había olvidado de eso. Ni siquiera recuerdo la última vez que pensé en la muerte.

Nos reímos y estuvimos de acuerdo en que podía tomarme eso como un «sí»; haberse olvidado por completo que tenía miedo a la muerte era sin duda una buena señal de que ese temor había cesado.

Luego me dijo algo muy gratificante: el haber visitado

sus vidas pasadas había desenterrado todo tipo de asuntos personales, como si hubiera abierto la puerta de un armario donde hubiera estado guardando todo aquello a lo que no quería enfrentarse, y ahora, en lugar de cerrarla otra vez medicándose, se había dado cuenta de que tenía la fuerza suficiente para enfrentarse al desorden de ese armario y la determinación para arreglarlo, de modo que, tal como él mismo dijo: «Por fin puedo aprender a disfrutar de ser como soy». Para sacar mayor provecho del trabajo que habíamos realizado juntos, había aumentado su asistencia a las reuniones del Programa de Doce Pasos y, en el proceso, había observado que su miedo a recaer también había desaparecido. Asimismo encontró a un excelente terapeuta, para realizar un trabajo semanal sobre quién es ahora y quién puede llegar a ser, en lugar de vivir con la carga de quién había sido. Su compulsiva necesidad de asegurarse de que todo estuviera en orden y bajo control también se había esfumado, al igual que su sentimiento de que si algo no funcionaba era culpa suya y que tenía la responsabilidad de enmendarlo. También había algo que descubrió tras varios años de terapia, y es que durante muchos años había tenido una pesadilla recurrente: había una presencia amenazadora en su dormitorio, acechándole sobre la cama mientras dormía. Saltaba de la cama e intentaba correr, mientras esa presencia le seguía. La presencia, por supuesto, era uno de sus propios yoes, que amenazaba su actual sentido de seguridad y confianza. Desde la regresión, no volvió a tener esa pesadilla.

—Sinceramente, puedo decir que no soy la misma persona que vino a verte hace cuatro meses —me confesó—. Me siento como nuevo, tranquilo, sano, limpio y sobrio. No estoy seguro de cuánto se debe a la regresión, cuánto al programa de rehabilitación y cuánto a la terapia. Pero estoy seguro de que esa regresión, y la liberación de mi memoria celular, reforzó mi compromiso con la sobriedad y me permitió amarme a mí mismo lo bastante como para encontrar un buen terapeuta que me ayudara a ser mejor. Así que no, no te estoy mintiendo para ser educado cuando te digo que has cambiado mi vida.

No, Sheldon, *tú* has cambiado tu vida. Sencillamente me siento honrada por haber formado parte de ese cambio.

SARAH

- *Depresión*
- *Dolores de cabeza*
- *Comer compulsivamente*

Sarah, cuarenta y tres años, estaba atrapada en un ciclo que afecta a muchos de mis pacientes: comía compulsivamente porque estaba deprimida, y estaba deprimida porque comía en exceso; un callejón sin salida que había comenzado a los veinte años. No había régimen que no hubiera probado y seguido fielmente, clínica profesional para adelgazar o gimnasio al que no hubiera asistido religiosamente, análisis de sangre que no se hubiera hecho para averiguar si tenía un desequilibrio hormonal, glandular, metabólico o genético que le causara su problema de sobrepeso. Sus médicos, para acabar de arreglarlo, le decían que el sobrepeso era peligroso para su salud. Tenía miedo, se sentía impotente y sin esperanza, y como había oído muchas opiniones contradictorias, «No son las calorías, es el contenido en grasas» o «Los contenidos en grasas son engañosos, la clave está en las calorías», acabó por no escuchar ninguna. Estaba harta de falsas promesas, harta de intentarlo y fracasar, harta de los desengaños en sus citas a ciegas cuando abría la puerta y la veían, harta de vivir en un cuerpo que odiaba mirar, harta de su constante depresión y de los dolores de cabeza que le causaba, pero ante todo, harta de no comprender por qué le estaba pasando todo esto.

Para acabar de completar la confusión y humillación de

Sarah, estaba el hecho de que en los demás aspectos de su vida era disciplinada, le molestaban las apariencias y tenía éxito en su profesión. Se había licenciado con honores, su pequeña casa y su armario estaban impecables, y era una enfermera incansable, muy buena y valorada en su trabajo. La ironía de ser capaz de cuidar tan bien de los problemas físicos de personas totalmente desconocidas cuando no era capaz de controlar el suyo la hacía llorar muchas veces, y fue tras una noche especialmente triste cuando decidió venir a verme; se hundió en el sofá y me advirtió:

—Te voy a advertir que ya he probado la hipnosis para el adelgazamiento y no me ha funcionado. Así que si vas a darme la sugestión posthipnótica de que a partir de hoy la lechuga me va a gustar más que la tarta de pacana, puedes ahorrarte la molestia.

Me encantan los médicos e hipnoterapeutas honrados, pero odio a los curanderos. He conocido a demasiados clientes que han sido víctimas de ellos, y el daño que pueden hacer es devastador.

—Sarah, aunque no escuches ninguna otra cosa de lo que voy a decirte, sí quiero que prestes atención a lo que te voy a decir ahora, porque te juro que es la verdad de Dios, ¿de acuerdo?

—Muy bien —respondió, todavía dudando—. ¿De qué se trata?

—No hay lechuga en el mundo que sepa como la tarta de pacana y nunca la habrá. Ahora, ¿podemos empezar?

Sonrió y se relajó. Regresé a mi silla al lado del diván y empecé la meditación que facilitaría que Sarah entrara en «trance». Me detuvo dos veces, diciéndome que tenía que ir al aseo. La primera vez esperé varios minutos. La segunda vez le dije que se quedara donde estaba y que no se preocupara, que si se le escapaba algo en mi diván, ya lo limpiaría. Estaba retrasando tener otro desengaño. Después de todo lo que había pasado, no la podía culpar por ello.

Al poco rato Sarah estaba en India, a principios del año 1500. Era bailarina, valorada por su gracia y belleza. Llevaba un traje de seda roja y azafrán que le hacía suaves caricias en sus largas, desnudas y tostadas piernas mientras ella giraba en una extática libertad en una sala llena de hombres ricos, de los cuales todos la deseaban, pero ninguno la poseyó jamás. Su corazón pertenecía a un hombre bastante mayor de tez oscura, un hombre que rara vez hablaba o sonreía, y que tenía muchos secretos de un pasado del que nunca le habló y que había hecho de él un hombre receloso y herido. La amaba y le traía regalos de sus largos viajes que le mantenían alejado de ella durante meses; pero desde el día en que le conoció cuando tenía veinte años, no volvió a mirar o a pensar en otro hombre. Su mayor deseo era casarse con él, pero éste nunca se lo pidió, nunca le ofreció ningún compromiso, y ella jamás se atrevió a exigirle nada por temor a que él la rechazara. Le amaba en silencio, obedientemente, y por completo, disfrutaba de sus noches privadas juntos, y se alegraba cuando sentía sus ojos sobre ella desde el fondo de la sala de los hombres acaudalados y la contemplaba bailar, pero también soportaba el rechazo de que él no la quisiera del mismo modo. Una noche, cuando tenía treinta y seis años, terminó de bailar y salió de la sala, y vio a una mujer algo mayor que no conocía y que la estaba esperando bajo la lluvia. Sin mediar una palabra, la mujer sacó una pistola de los pliegues de su sari y disparó a Sarah en la cabeza, matándola al instante.

—¿Quién era? —le pregunté.

—No lo sé, pero creo que tenía algún tipo de relación con él —respondió.

La conduje a través de su propia muerte por el túnel hasta llegar sin problemas a El Otro Lado, donde lo comprendemos todo y hallamos respuesta a todas nuestras preguntas. Le pregunté de nuevo:

—¿Quién era la mujer que te mató?

—Mi hombre era un asesino —me dijo en voz baja—. Él había matado a su esposo, y yo era su venganza.

En esa vida, tenía veinte años cuando conoció al hombre que amaba, con el que nunca se casó y que fue la causa de que le dispararan en la cabeza causándole la muerte. En esta vida empezó a engordar a partir de los veinte años, tras lo cual padeció depresión y dolores de cabeza. No hacía falta ser un gran científico o vidente para establecer la conexión.

Como si se hubieran abierto las compuertas, empezaron a surgir flashes de otras vidas. En otra de ellas estaba en Bélgica, estaba muy gorda por haber dado a luz a doce hijos, y era la esposa de un hombre cruel que acabó matándola de una paliza. También había vivido en Nueva York, como la novia de un gángster, al que abandonó por otro romance, que acabó en breve y que fue la causa de que pasara el resto de su vida escondiéndose, por temor a la inevitable venganza del gángster. Luego estaba en Italia, vivía en la calle con su madre; eran pobres y estaban famélicas, y los otros niños de su pequeño pueblo siempre le tiraban piedras por ser ilegítima. Ahora estaba en Alemania, casada con un médico que quería tener hijos, puesto que ella parecía no ser fértil, aquél la sometió a una serie de fármacos, inyecciones y sueros que la hicieron engordar por desequilibrios hormonales y glandulares, que acabaron con su vida sin que pudiera tener un hijo.

—¿Has visto cómo has estado utilizando la gordura para aislarte del rechazo, la desaprobación, el peligro y la muerte que has aprendido a asociar con el amor, las relaciones y el permitirte ser vulnerable? —le pregunté.

Le señalé que no había podido hallar la seguridad y la confianza siendo hermosa, estando casada o siendo madre, o como hija en Italia, de una madre que no pudo o no quiso protegerla de que le hicieran daño, de la pobreza y del hambre. Ninguna dosis de voluntad y autodisciplina que Sarah utilizara parecía poder enviar mensajes lo bastante fuertes para que su memoria celular no resuelta dejara de decirle que su supervivencia dependía de aislarse y de mantener las posibles relaciones amorosas a distancia. Su historia pasada con la obesidad, sencillamente le ofrecía una forma fácil, accesible y familiar para crear esa distancia, en realidad una visible armadura, y al alimentarse de forma compulsiva se podía proteger de volver a morir de hambre como una vez había permitido su madre.

El cambio inmediato que vi en Sarah ese día fue espectacular. La mujer furiosa, a la defensiva y casi combativa que había entrado en mi consulta era dulce, encantadora, vulnerable y pacífica cuando se marchó y cuando me prometió repetir la oración para liberar los recuerdos celulares negativos cada noche, sabía que podía confiar en ella.

Todavía tengo la foto que me mandó un año más tarde, radiante y triunfadora al final de una marcha para recaudar fondos para combatir el sida. «¡Treinta y seis kilos menos y estoy feliz!», decía el pie de foto.

LEEANNE

• Miedo al fuego

Una de las muchas cosas fascinantes respecto a las regresiones y el trabajo con la memoria celular es la serie de preguntas inesperadas, incluso hasta no planteadas, cuyas respuestas empiezan a aparecer cuando a las vidas pasadas se les da la oportunidad de manifestarse. LeeAnne, una arquitecta de veintiocho años, fue un perfecto ejemplo. Había asistido a varias de mis conferencias y tenía mucha curiosidad respecto a sus vidas pasadas, pero también esperaba poder eliminar su exagerado miedo al fuego. Ella misma había admitido que era superior a sus fuerzas. Las noticias de grandes incendios la hacían llorar y le producían pesadillas. No podía estar en una habitación donde hubiera una chimenea encendida, y el olor de la madera quemada la ponía enferma. Era incapaz de encender una cerilla, o de sentarse relajadamente sin que se le produjera un sudor frío cuando alguien que estaba cerca encendía una. De hecho, era un gran acto de valor y autocontrol para ella estar en un restaurante o en casa de amigos rodeada de velas encendidas sin caer en la tentación de apagarlas.

—No hay razón para que nada de este mundo pueda haberme provocado esto —me dijo—. He hablado con mis padres y el resto de mi familia, y, según parece, incluso cuando era un bebé empezaba a llorar histérica cada vez que mi padre usaba su encendedor.

Hizo una pausa y respiró profundamente antes de seguir.

—Si te digo algo que nunca le he dicho a ninguna otra alma viviente, ¿me prometes que no te reirás?

—¿Crees que estoy en posición de reírme de alguien? —le respondí.

—Sé lo raro que suena esto, pero entre esta fobia al fuego y el olor de la madera quemada que me da náuseas y mi fascinación por ella mientras me hacía mayor...

—¿Tu fascinación por quién?

Bajó los ojos, casi demasiado avergonzada como para decirlo.

—Estoy empezando a preguntarme si quizá en una vida anterior fui Juana de Arco.

A decir verdad, me habría encantado. Sabía que ella nunca había sido Juana de Arco, pero me hubiera gustado que así fuera. Todavía no he conocido a nadie que fuera la encarnación de algún personaje conocido. También sabía exactamente lo que le había sucedido a LeeAnne en una vida pasada. Pero en vez de influir en su regresión en modo alguno, sencillamente respondí:

—Bueno, ¿por qué no empezamos y lo descubrimos?

A los pocos minutos, cuando estaba totalmente hipnotizada y relajada, le pedí que fuera a su punto de entrada.

Como cabía esperar, no retrocedió en el tiempo hasta principios del 1400 en Francia. En su lugar empezó a describir gruesas cuerdas que estaban haciéndole heridas en las muñecas y los tobillos, incapaz de escaparse de una pila de tablas de madera y ramas secas sobre la que estaba atada, rodeada de un sinfín de curiosos, algunos con rostros desfigurados por el odio y otros llorando abiertamente. Las voces eran altas y decían algo, un canto, pero no podía descifrar las palabras. Impotente, en un estado de gélida y aterrada desesperación, mira a la masa de gente y cruza la mirada con un hombre. En el momento antes de que él aparte su mirada, incapaz de mantener sus ojos puestos en ella, sabe que ha sido él quien la ha puesto donde está, que está arrepentido y que lamenta ser demasiado débil para evitar todo eso. Cuatro hombres se adelantan. Ve cómo encienden las antorchas que llevan, haciendo que la noche se vuelva de color rojo-naranja y se encienda el odio en sus rostros. Ella está aterrada, largos minutos de angustia la separan aún de la muerte; evita emitir un sonido, intentando no dar a esa gente la satisfacción de contemplar su terror ante la inexplicable injusticia que supone el fin de su vida.

—Ve a la posición del observador, LeeAnne —insistí—. Esto no te está pasando ahora; estás a salvo, sólo estás observando, no corres ningún peligro, sólo dime lo que estás viendo, pero sin sentirlo.

Entonces, aunque ya conocía su respuesta, le pregunté tranquilamente:

—Dime dónde estás.

—¡Dios mío! Es Salem —susurró.

Después de esta regresión, nos sentamos a hablar sobre la experiencia. Ella sabía que era real y correcta, y que ya le había hecho el peor daño que jamás hubiera podido hacerle hacía más de trescientos años, así que ya no necesitaba tener miedo. De pronto le vino un pensamiento.

—¿Sabes de lo que acabo de darme cuenta? —me dijo sorprendida—. Nunca he tenido ningún problema legal, no tengo abogados, ni siquiera conozco uno. Nunca he estado en un Palacio de Justicia. Pero desde que tengo uso de razón he pensado que todo el sistema legal era una gran broma pesada, corrupta y poco divertida. Creo que haber sido juzgada, condenada y quemada por ser una bruja me había dejado mal sabor de boca. Esta idea de la memoria celular realmente puede hacer que muchas cosas cobren sentido.

JULIA

• El señor perfecto equivocado

Hablar de memoria celular hace que muchas cosas tengan sentido; una regresión a una vida pasada puede que le salvara la vida a Julia, o que le evitara años y años de sufrimiento innecesario.

Julia conoció a Max en la boda de un amigo. Tenía diecinueve años, era feliz, inteligente, y estaba estudiando arte. Él tenía veinte, era guapo, ambicioso, encantador, y ya empezaba a despuntar en una conocida firma de corretaje de Bolsa. Ella recuerda estar junto a las otras damas de honor durante la ceremonia, de espaldas al público, y con la sensación de que alguien la estaba mirando. Pudo divisar una mirada por encima de su hombro y encontrarse con los penetrantes ojos de un hombre que jamás había visto, y en ese instante su vida cambió. Julia y Max bailaron juntos toda la velada, y ocho meses después se marcharon juntos a Hawai. Estaban seguros de haber experimentado el amor a primera vista, estaban convencidos de ser «almas gemelas», Julia estaba segura de que habían pasado muchas vidas juntos. ¿Qué otra posible explicación podía haber para ese reconocimiento y complicidad que se produjo de inmediato, y el saber que una mirada bastó para que su encuentro ese día fuera obra del «destino»?

Durante el cortejo y los primeros tiempos de su matrimonio, Julia se fue dando cuenta de que Max ejercía sutilmente cada vez más control sobre ella por medio de la adulación. La «amaba tanto» que la quería sólo para él, y tenía celos incluso del tiempo y la atención que ella dedicaba a su familia y amigos. La «amaba tanto» que era muy crítico con su forma de vestir, con la cantidad de maquillaje que usaba y con sus peinados. La «amaba tanto» que insistió en que no trabajara para que pudiera crear un hogar para los dos, y la llamaba constantemente durante el día para saber dónde estaba y qué estaba haciendo. La «amaba tanto» y tenía tanto miedo de perderla por otro hombre que siempre la estaba acusando de engañarle con todos, desde el jardinero hasta el encargado de la tienda de comestibles donde compraba.

Ella esperaba que él se sentiría más seguro respecto a su total dedicación a él cuando tuvieron sus gemelos, pero en su lugar eso parecía que no había hecho más que agotar su paciencia y que cada vez fuera más difícil complacerle. Estaba «gorda», le decía, y «abandonarse» y tener bebés «no era una excusa». La casa no estaba lo suficientemente limpia, y las comidas no estaban listas a la hora como solían estar antes de tener a los bebés, y, por supuesto, no tenía excusa. A fin de cuentas, él estaba trabajando mucho para proporcionarle una calidad de vida que todos pudieran envidiar, mientras que ella «no contribuía a los gastos de la casa ni con un centavo» (ella había desistido de recordarle que debido a su insistencia había abandonado su carrera, porque eso le enfurecía todavía más), y ¿cómo suponía que él se iba a sentir apreciado cuando ella «estaba todo el día holgazaneando sin hacer nada»? Él no se había casado con una «mujer gorda, perezosa y sucia», de modo que si cada vez pasaba más tardes fuera de casa con los «amigos» en lugar de estar con su familia, la única responsable era ella. Además, ya estaba harto de que siempre estuviera deprimida. ¿Qué motivo tenía para estar deprimida? ¡Por el amor de Dios!

Cuando empezó a pegarle, ella lo tomó como una prueba más de su fracaso como esposa y de la tremenda decepción que había supuesto para este hombre con el que estaba «destinada» a estar, este hombre con el que ella sabía que había pasado otras vidas y a quien le había dedicado ésta. En las raras ocasiones que había llamado a escondidas a su madre, a su hermana o a alguna de las pocas amistades que todavía le quedaban, necesitada de hablar, lo único que le decían era que lo abandonara. Como si pudiera hacerlo, como si quisiera hacerlo, como si los demás pudieran comprender cuánto le amaba ella y lo perfecta que sería algún día su vida, si ella seguía junto a él amándole lo bastante como para conseguir que volviera a ser el hombre que tan bien la trataba y que tanto la adoraba. Max tenía razón: ella estaba mejor sin la gente de «fuera», que sólo querían «interferir», romper el matrimonio y hacer pasar a los inocentes gemelos por el trauma del divorcio.

El paso de los años no hizo más que empeorar las cosas, y los gemelos empezaron a ser hiperactivos, ansiosos y violentos, y muchas veces estaban asustados por las múltiples peleas de sus padres, que a veces incluso llegaban a las manos. Julia vino a verme por ellos. Max nunca lo hubiera aprobado, y ella se había inventado una elaborada historia para estar fuera de casa el tiempo suficiente para venir a la consulta. Estaba convencida que si le hacía una regresión, reviviría las vidas que había pasado con Max, que así sabría cómo ayudarle y hacerle feliz, y que de este modo ella y los niños también serían felices.

Como puede que sepáis por algunos de mis otros libros, yo también he tenido mi experiencia personal con un matrimonio de malos tratos, y tengo un criterio muy estricto al respecto, no como víctima sino como superviviente que al final pudo huir con sus dos hijos y la ropa. Sabía exactamente cuál era su historia con Max en una vida pasada, pero también sabía que ella tenía que experimentarlo por sí misma para creerlo. No pretendía ensombrecer su regresión ni influir en ella en modo alguno. De modo que mantuve la boca cerrada (que, para ser franca, no es lo que a mí me resulta más fácil), salvo para decirle de todo corazón lo contenta que estaba de que hubiera venido a verme, conecté la grabadora, empecé a relajarla y sencillamente le dije:

—Vamos a ir hacia atrás y ver si Max está realmente en alguna parte de tu pasado.

Así era, y varias veces.

En su primera vida juntos, estaban en algún lugar de Oriente Medio en el siglo XIII. Max era una especie de juez que ordenó que le sacaran los ojos a Julia porque su marido la había acusado de mirar demasiado a otro hombre. En otra vida, Julia y Max eran hermanos en España. Max asesinó a un rival por asuntos amorosos, pero se las arregló para inculpar a Julia, por lo que fue ejecutada. En otra vida, Max había sido su padre que abusó de ella sexualmente, y Julia acabó suicidándose cuando descubrió que estaba embarazada. Y por último, Max había sido su esposo en un matrimonio concertado. Él la abandonó por otra mujer llevándose a su único hijo y ella nunca volvió a verlos.

—No me extraña que le reconociera nada más verle —pensó en voz alta una hora después—. Quizás en esta vida tenga que arreglar las cosas con él.

—O quizás te hartes tanto de ser una víctima que te niegues a seguir aguantando y te marches —le dije.

Empezó a llorar.

—Tú no lo entiendes, Sylvia. Yo le amo.

—Sí lo entiendo. Yo también he pasado por eso. Y te voy a decir una cosa: el amor no basta. Por otra parte, es fácil confundir el amor con el sentimiento de que existe una estrecha conexión, y con vuestra historia juntos, aunque hasta te haya costado la vida; ¿cómo no vas a sentir que estás muy conectada con él? Pero, aunque supongamos que es amor, ¿no crees que las vidas de tus hijos son un precio demasiado alto que pagar?

—Él nunca les haría daño —me respondió sin dudarlo.

—¿Estás totalmente segura, o es algo que te repites a ti misma para justificar tu postura?

No pude evitar añadir mi experiencia propia.

—Y en lo que a mis hijos respecta, me han dado las gracias un millar de veces por demostrarles cuando eran pequeños que para mí no había nada más importante que su seguridad.

Sus ojos se volvieron gélidos, se levantó y se dirigió hacia la puerta con un despectivo:

—He de marcharme.

La acompañé hasta la puerta y la retuve el tiempo suficiente para entregarle una tira de papel.

—Aquí tienes, guárdalo —le dije—. Escóndelo en alguna parte, pero tenlo a mano en caso de que necesites usarlo. Está apuntado mi número de teléfono de urgencias. Puedes llamar las veinticuatro horas del día, y mis colaboradores y yo te ayudaremos. Entretanto, prométeme que rezarás para que todo lo que traes de otras vidas que pueda herirte se libere y disuelva en la luz blanca del Espíritu Santo. Si no haces esto por ti, hazlo por tus hijos.

Cogió la tira de papel y se apresuró a salir por la puerta sin decir ni una palabra más. Quizá porque mirarla era como verme a mí misma a los veinte años, no podía sacármela de la mente. Pensaba en ella, me preocupaba y rezaba por ella, a la vez que hacía que mis colaboradores también rezaran en su nombre.

Ocho meses más tarde, cuando me encontraba en Nueva Inglaterra en una gira de conferencias, me llamaron por el móvil. Era uno de mis colaboradores que me comunicaba que Julia había llamado unas pocas horas antes, después de que Max se marchara al trabajo, y que ella y sus hijos estaban a salvo en una casa de acogida para mujeres. Julia tenía un brazo roto y lo llevaba enyesado, y uno de sus hijos tenía un ojo muy hinchado.

Eso fue hace cinco años. Ahora Julia y sus hijos viven felizmente en otro estado. Mientras tanto, Max y su segunda mujer están a la espera de juicio por supuestos «malos tratos a su hijo y poner su vida en peligro». Su hijo está actualmente en un centro de adopciones, y Julia reza todos los días por el bienestar de ese niño, que fácilmente podría haber sido uno de los suyos, y para tener fuerza por si alguna vez su memoria celular vuelve a resonar con la certeza de reconocer a alguien de una vida anterior; que no se le olvide, entonces, que eso algunas veces significa «¡Corre!».

MARY BETH

• La eterna dama de honor, nunca la novia

Si ha sucedido una vez, sucederá veinte veces. Mary Beth conocía a alguien por el que se sentía atraída. Guapa, inteligente y agradable como era, esa persona también se sentía atraída hacia ella, lo bastante como para pedirle que salieran juntos. Empezaban a salir con cierta regularidad, las cosas parecían ir bien, y antes de que se diera cuenta, él le estaba diciendo cuánto la apreciaba como amiga y le pedía consejo sobre otra chica de la que se había enamorado.

—No me mal interpretes —me dijo Mary Beth—. Me gusta ser una buena persona y amiga y estoy contenta de que los hombres confíen en mí y me cuenten sus secretos. Pero tengo treinta y dos años. Sólo me han pedido en matrimonio una vez; fue un chico al que apenas conocía, y era para conseguir su tarjeta de residencia. La novedad de ser la mejor amiga del mundo ya me tiene harta. Con una vez de ser la mujer a la que algún chico le pide consejo respecto a otra tengo bastante. Sé que es una posibilidad muy remota, pero me gustaría que me ayudaras a descubrir por qué atraigo a los hombres para ser su mejor amiga, pero nunca se enamoran de mí.

Ella había leído mis libros y me había oído hablar del poder de la memoria celular, e incluso había pensado en algunos posibles escenarios de vidas pasadas que podrían ser la clave de su problema. Quizá había sido consejera en un orfa-

nato de niños. Quizá había sido la madre de muchos niños a
la que éstos acudían para pedirle consejo. Quizá había sido
un sacerdote especialmente dotado para escuchar confesio-
nes, o un defensor público al que los jóvenes y hombres con
problemas acudían para que los escuchara y los ayudara sin
juzgarlos. Pero, como casi siempre suele suceder, la respuesta
resultó ser el escenario que Mary Beth menos hubiera imaginado.

Era a principios del 1800 y Mary Beth, cuyos padres habían muerto y la habían dejado totalmente sola, era una adolescente que trabajaba en un burdel para ganarse la vida. Al
contrario del cliché de la pobre prostituta, miserable y emocionalmente atormentada, que se oculta por desprecio a sí
misma y que odia a sus clientes tras una falsa sonrisa y una
fingida pasión, a Mary Beth le gustaba su vida. Se sentía valorada y apreciada por sus clientes. El acto sexual le parecía algo
trivial, un hecho sin importancia, un paso previo antes de que
los clientes le confiaran su confusión, frustraciones y penas, y
Mary Beth guardaba sus secretos con la misma solemnidad
que ocultaba su familiaridad con ellos cuando se cruzaban por
la calle. Ella y las otras prostitutas reunían sus ganancias, pa-
gaban sus recibos a tiempo, se cuidaban a ellas mismas y mutuamente, y todos los domingos dejaban una limosna anónimamente en la iglesia que tenían más cerca, donde no eran
bien recibidas. Mary Beth murió en esa vida a los cuarenta y
cuatro años de una enfermedad venérea, con orgullo, dignidad
y sin el menor remordimiento.

No se podía creer su regresión.

—¿Una puta yo? —no paraba de preguntarse—. ¡Y no
sólo una puta, sino que encima una puta feliz!

Le resultaba demasiado ridículo como para creérselo,
pero Mary Beth no podía olvidar la absoluta claridad con la
que había visto y sentido esa vida y el efecto que había tenido

en lo más profundo de su alma, le decía que era verdad. No obstante, cuanto más procesaba la información, más sentido cobraba y más importancia parecía tener en su vida actual. Si su memoria celular le estaba enviando mensajes cada vez que conocía a un hombre de que lo que él más apreciaría de ella sería su compasiva comprensión sin las complicaciones ni cargas de una historia romántica, entonces, por supuesto, estaba enviando esas señales a los hombres de su vida para que las captaran.

—Pero ¿qué he de hacer al respecto? —me preguntó—. ¿Cómo dejo de enviar señales que ni siquiera soy consciente de que envío?

Le aseguré que, ahora que ya había establecido esa conexión, no tendría que hacer nada conscientemente. Ahora que la mente de su espíritu y su memoria celular podían reconocer que todavía estaban reaccionando frente a una vida que ya había terminado, estaba garantizado que ellas mismas harían los ajustes necesarios. Lo único que tenía que hacer era rezar para liberar todas las lecciones de vidas pasadas que no la estaban beneficiando en el presente, que siguiera con su vida y que procurara no meterse en líos.

Me hace gracia ver que Mary Beth se convirtió en un gran ejemplo del viejo proverbio, «Ve con cuidado con lo que deseas, porque puede que lo consigas». Cuando volví a tener noticias de ella, ocho meses más tarde, estaba dividida entre dos hombres, ambos tenían intenciones serias y mucho que ofrecer. Me llamó para preguntarme a cuál debía elegir, siguió mi consejo y dejó amablemente al paisajista alto y rubio con poderosa mandíbula y profundos ojos azules y se quedó con el más bajito, fornido, moreno y algo menos atractivo montador de cine con dos hijos de un matrimonio anterior y tres perros. Ahora tienen dos hijos propios y dos perros más en la casa, y según parece se lo tomó muy bien cuando ella le dijo un día que en realidad se había casado con una antigua prostituta inglesa.

—De hecho —me dijo riendo—, hemos hecho el pacto de no responsabilizarnos mutuamente por ningún acto que hayamos cometido antes de 1900.

JAY

Ocho años
- *Hiperactivo*
- *Problemas respiratorios*

Me encanta trabajar con niños, y son ideales para hacer regresiones. Muchos de ellos —y de verdad quiero decir muchos— todavía conservan recuerdos conscientes de sus vidas pasadas y te hablan de ellas alegremente si les preguntas de manera informal: «¿Quién eras antes?». Con un recuerdo bastante fresco de El Otro Lado, todavía no han aprendido que hablar de vidas pasadas no está bien, mucho menos que hay personas que no creen en ellas. Tan pronto como pueden comunicar pensamientos completos, nos pueden hablar largo y tendido de lo que han sido, lo que les ha pasado, quién estaba con ellos y de cómo es El Otro Lado. No hacerles caso o decir que sus historias no tienen sentido es un acto de estupidez. Antes de que puedan hablar, podemos ayudarlos mucho, especialmente cuando están dormidos y la mente de su espíritu eterno está bien despierta, al susurrarles que liberen todo el sufrimiento y la negatividad de las vidas pasadas en la luz blanca del Espíritu Santo.

Cuando el pediatra de Jay me lo envió, me dijo que no podía hallar ninguna razón fisiológica para la hiperactividad ni los problemas respiratorios de Jay. Jay era un niño especialmente inteligente, dulce y de buen carácter, cuyas dificultades le provocaban noches de terror, ataques de pánico, y muchos problemas de concentración y disciplina en la escuela. El pediatra había agotado los recursos de los tests, los psicólogos infantiles, la medicación y los consejos que intentaban ayudar. No utilizó las palabras «último recurso» al llamarme, pero éramos lo bastante amigos como para no ofenderme si lo hubiera hecho, siempre que hubiera seguido dispuesto a hablar del asunto conmigo.

Tenía razón; Jay era increíblemente encantador, dulce, brillante e inquisitivo, con un gran sentido del humor. Sentía curiosidad por todo lo que veía en mi despacho, sobre todo algunas fotos de mis nietos, que le fascinaron. Lo quería saber todo de ellos porque «Me gustan los niños, ¿a ti no?», me dijo, como si fuera una persona mayor que hablaba con alguien de su edad. Algo todavía más significativo sucedió cuando le pregunté si era feliz. Su respuesta fue: «Quiero serlo». No se puede pedir alguien más receptivo y lo demostró con la incuestionable facilidad con la que entró en «trance». Le dije que me gustaría ir hacia atrás y volver al punto de entrada para resolver sus problemas, y sonrió cuando sencillamente me respondió con actitud de colaboración: «Lo haré».

Al momento empezó a hablarme de su vida en Carolina del Sur. Era un hombre casado con una «gran mujer llamada Anna, que era muy agradable». Tenían doce hijos, y Jay recuerda haber trabajado mucho cuidando caballos en un rancho próximo a su casa. Le encantaban sus hijos y disfrutaba con su ruidosa y juguetona compañía, especialmente cuando todos cenaban juntos cada noche e iban a la iglesia los domingos. Pero un día llamaron a filas a Jay para luchar en «la guerra». Le afligió mucho tener que abandonar a su familia y la vida sencilla que llevaban, y temía no regresar a su hogar. Le destinaron a un buque de guerra, y siempre llevaba una foto de su esposa e hijos en el bolsillo de su camisa encima del corazón. Su barco no tardó en ser atacado, y Jay murió al momento cuando un «pedazo de metal» le hirió en la garganta y le aplastó la tráquea.

La otra vida que Jay recordó fue en Dinamarca. Era una mujer, estaba casada, vivía en una granja y era madre de diez hijos. Jay empezó a reírse en voz baja mientras hablaba de su familia y le pregunté por qué. Parece que había reconocido a su madre actual entre el más desobediente de sus hijos en esa vida, y le divertía ver que ahora le tocaba a ella intentar disciplinarle. Cuando Jay era mujer en Dinamarca, tenía sólo treinta y cuatro años cuando se quedó postrada en la cama, a causa de lo que resultó ser una pulmonía mortal, y recuerda yacer allí sola, escuchando a los bulliciosos niños haciendo su vida fuera de las paredes de la habitación cerrada en la que se encontraba, y demasiado enferma para ser la madre que necesitaban y merecían.

Jay escuchaba con mucha atención cuando le expliqué que tras morir por la tráquea aplastada y de neumonía, las células de su cuerpo pensaban que todavía estaban en una de esas vidas y que esa era la única razón por la que tenía tantos problemas para respirar. En lo que respectaba a su hiperactividad, estaba acostumbrado a grandes familias ruidosas con montones de niños, y había sido apartado de ambas por razones ajenas a él. En esta vida, donde era hijo único, cuanto más ruido y caos creaba, más familiar le parecía esta vida y más frustración podía liberar de esas vidas en las que no se sentía preparado para marcharse cuando lo hizo.

Llamé a casa de Jay una semana después para saber cómo iban las cosas. Tanto la madre como el padre se pusieron al teléfono para decirme que no había vuelto a tener problemas respiratorios desde entonces, y que habían recibido una llamada de uno de sus profesores preguntándoles si le habían cambiado la medicación, porque se le veía mucho más centrado y tranquilo en los últimos días.

Pasaron casi seis meses más antes de que volviera a tener noticias de Jay, esta vez de mi amigo el pediatra que me lo envió. No sólo los problemas respiratorios habían cesado por completo, sino que había pasado todo el invierno sin apenas resfriados. También le habían quitado la medicación sin problemas, y parecía perfectamente capaz y dispuesto a controlar su conducta. De hecho, según su madre, las notas de Jay habían subido desde D (insuficiente) a B (notable), y una sola C (aprobado).

—No sé lo que le hiciste —me dijo.

Yo terminé la frase por él, «… pero funcionó».

FLASHES

No todos los clientes necesitan una regresión larga y completa para llegar a la raíz del problema anclado en la memoria celular. A veces un flash de una vida pasada es igualmente valioso para conceder toda la información necesaria para sanar.

Carolina, que tenía un *miedo visceral a los insectos*, descubrió que en una vida había muerto mientras trabajaba en un campo africano en 1503, literalmente asfixiada por una plaga de langosta.

La *claustrofobia* de Tom desapareció cuando presenció el derrumbamiento de la mina de carbón en la que trabajaba y donde murió a finales del siglo XVIII.

Barry tenía *miedo a las alturas* hasta que recordó una caída desde un cocotero cuando era un muchacho en Hawai, en el año 1600. La caída le provocó una lesión medular, y como no podía moverse ni pedir ayuda, murió solo bajo la fronda de ese enorme árbol.

Anne-Marie estaba harta de que se burlaran de ella por su *fobia a la comida y la bebida que no había visto preparar durante absolutamente todo el proceso*. No podía comer en un restaurante en el que no viera la cocina, o volver a beber de un vaso de agua o de vino que hubiera dejado en una habitación de la que se había ausentado y luego vuelto; en ambos casos podía salir corriendo. Pero una vez que hubo revivido una muerte anterior en la que el hombre al que había contratado para que la protegiera de un pequeño grupo de rebeldes que intentaban asesinarla, le había envenenado la comida, su fobia desapareció rápida y permanentemente.

Tal como he dicho antes, si un miedo o aversión es grave para un cliente, también lo es para mí, sin excepción alguna.

Cuando Ted vino a verme para que le ayudara con su *miedo a los tiburones,* admitió que le daba un poco de vergüenza venir a verme por ese motivo. Al fin y al cabo tener miedo a los tiburones no era del todo incoherente, y además en su vida no eran difíciles de evitar puesto que vivía a miles de kilómetros del mar. Pero estaba cansado de tener pesadillas y de dar excusas para no ir a nadar a la piscina ni a un lago de su zona con los amigos, a pesar de que su mente racional le decía que era absurdo pensar que en esos sitios pudieran rondar tiburones. Estaba harto de la ironía de ser un psicólogo clínico con esa absurda fobia.

Lo único que necesitó para curarse fue un rápido viaje al año 1415, en el que había sido un marinero español. Su barco se incendió y se hundió, y cuando intentaba nadar hacia un lugar seguro, un tiburón le arrancó una pierna. Se ahogó antes de que el tiburón regresara para terminar con él. Los últimos horribles momentos de esa vida eran lo único que recordaba y todo lo que necesitaba liberar de su memoria celular. Ahora, cuatro años después, ya no tiene pesadillas, se ha hecho construir una piscina en su casa, y para reírse de sí mismo, colocó un gran cartel hecho por profesionales para dar la bienvenida a los invitados que pone: «Prohibido correr, empujarse, salpicar, y prohibida la entrada a tiburones».

A Diana le costó varios minutos admitir su problema secreto, e incluso entonces tuve que prometerle que no me reiría. Para su bochorno, se debatía durante años contra una tremenda *aversión a los edredones.* De nuevo, una fobia que, a simple vista, puede parecer tan absurda como la de los tiburones en medio de Nebraska. Incluso cuando era pequeña, Diana empezaba a temblar y a llorar cuando veía un edredón. De adulta todavía le cogían sudores fríos y le daban náuseas cuando veía un edredón al ir de compras o en casa de sus amistades. Con sus propias palabras, me confesó: «Esto me vuelve loca y estoy empezando a perder la paciencia». Entonces se vio en Pennsylvania en el año 1780, viviendo en la pobreza, como un solitario y desdichado muchacho que trabajaba en un negocio familiar de confección de edredones. Una chica, algo mayor que él y que también trabajaba allí, se enamoró obsesivamente de él, y lo mató cuando él la rechazó. Hasta ahí su aversión por los edredones. No es que ahora le atraigan mucho, pero lejos queda ya su histeria que llevaba toda la vida intentando superar y que era incapaz de comprender.

Tanto si uno de tus miedos, fobias o aversiones están incluidas en estas historias documentadas como si no, espero que te ayude saber que personas como tú han dejado atrás para siempre obstáculos similares, liberando los recuerdos celulares que causaban esos bloqueos y ofreciendo por fin a la mente de su espíritu la sanación que tanto anhelaba.

Gracias a Dios, el poder de curación de liberar los recuerdos celulares negativos no termina ahí. De hecho, esto no es más que el principio. Lo que puede hacer por los problemas físicos es muy notable, y en algunos casos, milagroso.

PARTE III

La salud y los retos físicos

STEVE

• *Indigestión crónica*

Quiero dejar claro desde el principio que Steve y yo ya éramos amigos antes de hacer esta regresión. Es uno de mis mejores amigos, y siempre hacemos bromas sobre los viejos tiempos cuando íbamos de gira haciendo nuestro número en el divertido vodevil Babylon, entonces muy conocido. Puedes pensar que nuestra amistad le convertía en una persona nada objetiva para mí, pero la verdad es que había dos razones por las que le pedí hacerle una regresión: una era su grave problema de indigestión que había padecido toda la vida y que yo esperaba poder solucionar, y la otra es que sabía que nunca me tomaría el pelo haciendo ver que estaba en «trance», si en realidad no le pasaba nada, ni que contaría historias fantásticas tras la sesión si no eran ciertas. Stevie no es ni un escéptico ni un entusiasta. Antes de empezar me aseguró que no tenía expectativas respecto a la regresión y que no se sorprendería ni se desilusionaría, tanto si funcionaba como si no.

Casi al momento Steve se trasladó a China. Era un campesino, que cultivaba la tierra y criaba animales. Su esposa había muerto y vivía con sus tres hijos, dos varones y una hija, que le cuidaban porque ya había cumplido los sesenta años y estaba muy enfermo de un cáncer de estómago.

Conduje a Steve a través de su tranquila y deseada muerte, con la esperanza de que empezara a describir su siguiente vida. En lugar de ello, se encontró en medio del más maravilloso prado verde que jamás había visto; le rodeaba por todas partes, y una luz blanca, que le inundaba de paz, sabiduría, pureza y amor, parecía llegarle hasta el fondo de su alma. Sintió la mano de Dios en esa luz y comprendió por primera vez lo que significaba el asombro reverente.

Eso fue todo. La regresión de Steve había concluido y se sentó para hablar conmigo. Seguía con su habitual personalidad directa.

—Muy bien, he de admitir que, salvo por la pradera y la luz, en ningún momento he sentido que estaba realmente en trance. He hecho lo que me has pedido y he dicho lo primero que se me ha ocurrido cuando me hacías las preguntas, pero no tengo ni la menor idea de si había algo de verdad en toda esa vida en China. No me interpretes mal, fue interesante. Al menos fue como ver una película que nada tenía que ver conmigo, y lo siento, pero ni siquiera era tan clara.

Le dije que no necesitaba disculparse. Lo hemos intentado, sin problemas, sin engaños. Nunca volvimos a hablar del tema hasta que Lindsay y yo estábamos metidas de lleno en este libro, y pensé que después de ocho meses de la regresión de Steve, podría ser interesante tener una conversación de seguimiento. Para evitar que se sintiera incómodo o se tuviera que esforzar en decir algo bonito por amistad, le pedí a Lindsay que hiciera la llamada en mi nombre, puesto que ellos se conocían desde hacía más tiempo que nosotros y estaba segura de que él le diría exactamente lo que pensó y cómo se sintió con la experiencia.

Hemos de recordar que Steve había padecido de indigestión toda su vida, pero cuanto mayor se hacía, más empeoraba; lo aceptaba como uno de los inevitables trastornos de cumplir cincuenta años. La lista de alimentos que podía consumir sin que le hicieran daño se reducía cada vez más, pero lo que más le entristecía era el hecho de que, si comía después de las siete y media de la tarde, podía contar con una noche de dolor, retortijones e insomnio. En un ámbito de negocios y de vida social donde las cenas son casi una necesidad profesional y nunca empiezan antes de las ocho, ya se le estaban terminando las excusas y se empezaba a encontrar excluido de un montón de listas de invitados.

—He de ser muy sincero al respecto, ya lo sabes, ¿verdad? —le dijo a Lindsay cuando se vieron para charlar.

—No queremos que sea de otro modo —le aseguró ella.

—La verdad es —prosiguió él— que cuando voy con cuidado con lo que como y a la hora que como, mi indigestión ha desaparecido casi totalmente, por primera vez en mi vida.

—¿Qué pasa cuando no tienes cuidado?

—Cuando no tengo cuidado y no pienso en ello —se detuvo y respiró profundo antes de terminar la frase—, he mejorado al menos un 75 por ciento.

—¿Cuándo empezó esto? —le pregunto Lindsay—.

—Todavía no me lo puedo creer, porque me había jurado que casi me había estado inventando la historia de China y el cáncer de estómago mientras hablaba, pero justo después de la regresión con Sylvia empecé a sentir una tremenda mejoría en mi dolencia y mi salud en general. No sé si esto tiene algo que ver, pero desde entonces también he empezado a recordar mis sueños cada noche, lo cual nunca me había sucedido antes.

Si yo hubiera estado presente, le habría dicho lo normal que es que los sueños se vuelvan más vívidos tras una regresión. Es como si la mente del espíritu, tras haber sido totalmente reconocida y haberla ejercitado un poco, se negara a seguir pasando inadvertida y casi se exhibiera durante la noche, cuando la mente consciente no puede intervenir.

Lindsay le preguntó si había observado algún otro cambio que pudiera atribuir directamente a haber explorado su profundo pasado. No se lo pensó dos veces para responder.

—El cambio más sorprendente, casi más que la mejoría de mi indigestión, es que he perdido la costumbre de preocuparme. Las cosas en mi vida distan mucho de ser perfectas. No tengo mucho trabajo, cada vez tengo menos dinero, las cosas no suceden con la rapidez que me gustaría, no sé realmente lo que voy a hacer. Sin embargo, no me preocupo como solía hacerlo antes de la regresión. No soy pasivo, hago todo lo que se me ocurre que puedo hacer en mi situación, pero ¿me preocupo? No.

Lindsay se sorprendió y quedó impresionada. Steve nunca había sido una persona que se quejara mucho, pero sabía que sí se preocupaba y padecía ansiedad, por mucho que intentara disimularlo.

—¿Cómo es esto? ¿Fue la regresión en general, o hay algo que creas que ha podido ayudarte a dejar de preocuparte?

—Por supuesto —respondió—. Fue ese momento en que estuve en el prado y que sentí esa sorprendente y brillante luz blanca. Estoy seguro de que experimenté eso. Fue tan real como esta silla, esta mesa o esta taza de café, y todavía puedo experimentar ese sentimiento cada vez que lo recuerdo. Cada vez que vuelve la ansiedad o me doy cuenta de que empiezo a preocuparme por algo, siento esa luz a mi alrededor y sé que todo va a ir bien. Es extraordinario. Nunca lo olvidaré, jamás hubiera pensado que sería capaz de gozar de tanta paz mental.

Steve fue un gran ejemplo de cómo una regresión puede empezar con una meta y terminar con otros problemas que se van resolviendo en el proceso. Pero también ilustra por qué no intento jamás guiar a un cliente en una regresión. Aunque sea vidente, no puedo saber con tanta claridad como la mente del espíritu del cliente qué sufrimiento retiene su memoria celular y adónde ha de ir para remediarlo. Fue Steve, no yo, quien insistió en descubrir el origen de sus problemas de estómago, y luego completó su curación con unos breves momentos en El Otro Lado, donde se recordó a sí mismo que cualquier cosa que le provocara ansiedad, ya se estaban encargando de ello en el Hogar.

R.C.

* *Resfriados de pecho crónicos y neumonía*

R. C., a los cincuenta y nueve años ya se había olvidado de pasar un invierno sin dos o tres resfriados tan graves que le obligaban a guardar cama durante semanas, ir a urgencias varias veces para que le ayudaran a respirar, y ser hospitalizado al menos una vez cada dos años cuando los resfriados empeoraban y se transformaban en una neumonía. Tomaba todas las precauciones que se le ocurrían para prevenir la enfermedad, desde dosis masivas de equinacea y vitamina C a vacunas para la gripe, y evitar lugares públicos salvo su despacho de contabilidad. Era terrible haber celebrado cuatro de las seis últimas navidades en cuidados intensivos y haciendo que su esposa, hijos y nietos se pasaran las fiestas yendo de la casa al hospital. Sus prolongadas ausencias del trabajo, junto con su edad, empezaban a hacer de R. C. un empleado mucho más prescindible que uno de los jóvenes y sanos contables de la empresa, y perder su trabajo le colocarían a él y a su esposa en una terrible situación económica. Para acabar de arreglar el asunto de la salud y de la economía familiar, Camille, su esposa durante treinta años, padecía desde los cuarenta años terribles dolores de la región lumbar y de la cadera, con falta de sensibilidad en las piernas y los pies y, a pesar de la medicación, las terapias de rehabilitación y varias operaciones, seguía con un malestar constante que le impedía trabajar.

—Cuando Camille y yo nos comprometimos, le prometí que cuando yo cumpliera sesenta años me retiraría, compraría una autocaravana y pasaría el resto de mi vida llevándola adonde quisiera ir. Voy a cumplir sesenta años de aquí tres semanas, tengo un pánico mortal a que me despidan de un trabajo que no puedo perder, porque estoy demasiado enfermo como para trabajar más de cuatro meses al año, y los únicos viajes que le puedo ofrecer a Camille son los de ida y vuelta al hospital. Y ahora, para postre, no te ofendas por ello, estoy aquí con una vidente.

Sonreí y le dije:

—No me has ofendido.

Me devolvió la sonrisa.

—A mi médico le caes bien y yo confío en él, así que pensé: «¿Qué puedo perder?».

—Por supuesto —le respondí—. Ahora, vamos a ver si podemos descubrir qué está pasando contigo.

—Soy todo oídos —me dijo nervioso e indeciso.

—No te voy a decir lo que te pasa, R. C. Eres tú quien me lo vas a contar.

No tuve en cuenta la expresión de confusión de su rostro y empecé a relajarle para hipnotizarle.

A los veinte minutos, R. C. estaba describiendo una vida en África. Era arquitecto, estaba casado y tenía tres hijos. Era feliz, tenía éxito, y estaba orgulloso de ser un buen marido y un buen padre, y se preguntaba cómo se merecía una mujer tan guapa y unos hijos tan bellos cuando él era más bien bajo, frágil y no demasiado atractivo. Un día, cuando tenía cuarenta y seis años, mandó a su familia de vacaciones, con la intención de reunirse con ella al cabo de unos días cuando hubiera terminado su trabajo. Se despidió de ellos y se dirigió a una de sus obras. No estaba seguro de lo que pasó o cómo sucedió, pero recuerda que de pronto empezó a oír gritos, caos y pánico, y se giró justo a tiempo para ver cómo un gran pilar de piedra se derrumbaba y se abalanzaba hacia él. Le cayó encima y le encastró contra el suelo, aplastándole el pecho; murió preguntándose cómo y cuándo alguien encontraría a su familia para contarles lo sucedido.

Luego vino una vida en Gales, donde R. C. era soltero y estaba solo, y soportaba largos e incansables días en el pequeño pueblo pesquero de la costa que él mismo había fundado. El trabajo era duro, pero le encantaba, y se sentía tan responsable respecto a sus compañeros pescadores como si fueran sus hermanos. Él y otros hombres en la aldea habían conquistado las frías y grises aguas de punta a punta, pero no pudieron vencer a los vikingos que atacaron el pequeño puerto indefenso por tierra y por mar, asesinando salvajemente a todo aquel que se cruzaba en su camino, incluyendo a R. C., que murió al instante a los cuarenta y ocho años por la herida mortal de una lanza.

Luego vivió en Suecia, donde era un orgulloso soldado de la armada del rey. Un soldado compañero suyo le acusó equivocadamente de haberle robado y le apuñaló repetidas veces en el pecho, en las manos y en las piernas mientras dormía. Sobrevivió a sus heridas, pero ya no era apto para ser soldado. Vivió el resto de su vida con dolores y en la pobreza, se convirtió en un mendigo que vivía en las desiertas calles de Estocolmo, hasta que a los cincuenta años murió congelado.

R. C. era uno de esos pocos clientes que yo digo que son sonámbulos, en términos más comunes que anda dormido, pero en lo que a la regresión se refiere, es alguien que no recuerda nada de lo que ha dicho o hecho mientras estaba en «trance». Me escuchaba con mucha curiosidad mientras yo le recordaba los puntos más importantes y le entregaba la cinta de la sesión para que la escuchara después y se convenciera de que no me lo estaba inventando.

—Nunca me has dicho cuándo empezaron estos resfriados que te afectan al pecho y la neumonía —le dije—. ¿Recuerdas qué edad tenías?

—La primera vez que fue realmente grave, fue a los cuarenta y ocho años —respondió—. ¿Por qué?

—¿No ves lo que está haciendo tu memoria celular? —le comenté—. En las tres últimas vidas has sufrido grandes traumatismos en el pecho cuando tenías aproximadamente esa edad. Tu memoria celular está reaccionando a lo que recuerda y está creando un gran dolor en el pecho porque eso es lo que sabe hacer.

Reflexionó sobre eso y por fin dijo.

—Muy bien. No estoy en posición de rebatirte nada. Pero si aquí he realizado semejante progreso, ¿por qué me siento igual que cuando he venido?

—Ten paciencia. Escucha la cinta y, al final, oirás la oración que te doy para que liberes cualquier recuerdo celular negativo. Aprende esa oración y repítela varias veces al día. Luego llámame después del próximo invierno y dime cuántos resfriados de pecho has tenido.

Era evidente que estaba intrigado, pero no convencido, lo que a mí ya me bastaba. Prefiero tener un cliente que saque conclusiones de su propia experiencia a que crean a ciegas en todo lo que les digo. Le acompañé hasta la puerta de mi despacho y hasta la recepción, donde una pequeña y encantadora mujer de ojos castaños se dirigió hacia R. C. y le preguntó ansiosamente:

—¿Cómo te ha ido?

Él respondió con un indiferente gesto de encogerse de hombros, entonces se giró hacia mí y me dijo:

—Sylvia, esta es mi esposa Camille. Camille, Sylvia Browne.

Me saludó sonriendo y me tendió la mano. Su sutil timidez era encantadora, pero pude ver el sombrío dolor con el que vivía, del que su esposo ya me había hablado. Sentí el impulso de decirle:

—Me encantaría poder ayudarte.

La cogí totalmente por sorpresa.

—¿Lo harías? Uf, bueno, gracias, sería estupendo, pero sé que tienes una larga lista de espera, así que ¿cuándo...?

—¿Qué te parece ahora mismo? Tu esposo era mi última visita del día. Me encantaría ayudarte.

CAMILLE

- *Dolor en la zona lumbar y en la cadera*
- *Sensación de adormecimiento en piernas y pies*

Camille tenía cincuenta y siete años, era dos años más joven que R. C., y todavía seguía enamorada de él después de treinta años de matrimonio. Había estado tan preocupada por la salud de su esposo que veía los diez años de dolor crónico y operaciones infructuosas que ella había padecido como un estorbo que le impedía ayudarle tanto como deseaba.

—Tu marido se pondrá bien —le confirmé—. Ahora, vamos a sanarte a ti para que puedas estar a la par con él.

Sabía que estaba pendiente de R. C., que estaba esperando afuera, así que una vez que se hubo quedado en «trance», le dije que fuera directamente a los puntos de entrada.

De pronto se encontró en un vagón de tren cubierto, que hacía el penoso viaje del oeste desde Virginia hasta California; era el año 1851 y estaba con su esposo, un granjero. Tenía veinte años y dos niños pequeños entusiasmados por la aventura y la nueva vida que la tierra prometida les ofrecía. Construyeron su modesto rancho en su terreno de 25 hectáreas en el norte de California, cerca de Nevada. Un día ella y sus hijos caminaban por una pradera en dirección a casa de un vecino al que le llevaban comida cuando sufrieron una emboscada de una banda de indios rogue. Las flechas le atravesaron la zona lumbar y la «cadera izquierda», y quedó tendida en el suelo, sin posibilidad de ayuda, sangrando hasta morir, al lado de los cuerpos de sus hijos.

Luego se vio en Carolina del Norte, de nuevo en una granja; era una mujer felizmente casada, de poco más de veinte años, y sin hijos. Cada mañana, después de que su marido se marchara para iniciar otro día de duro trabajo en sus extensas tierras, Camille salía a montar a su querido caballo, una fogosa yegua de color castaño llamada *Athena*. Recuerda una suave lluvia que empezaba a caer una mañana de abril, sus pocas ganas de volver a casa, el arroyo que iba a cruzar, y el ataque de pánico de *Athena*, que se encabritó al ver una serpiente de agua cerca de la otra orilla. Camille se cayó y fue encontrada bastante rápido por un labrador que se había alarmado al ver a *Athena* corriendo sin su jinete. Su cadera y zona lumbar quedaron gravemente dañadas, y desde ese día quedó paralizada de cintura hacia abajo, incapaz de caminar, montar o cuidar de su esposo o de ella misma. Fue una amarga ironía que sobreviviera a su marido. Él murió de un aneurisma cuando Camille estaba cerca de los cincuenta, y ella fue atendida por los labriegos y sus esposas hasta que murió a los cincuenta y nueve años, contenta de irse.

Todo estaba previsto para ella: su al parecer incurable cadera y problemas de espalda que llevaba tanto tiempo padeciendo, la insensibilidad esporádica de la parte inferior de su cuerpo, su preocupación por su esposo, que hacía que descuidara su propia salud; todo era crónico e «intratable» según las señales de dolor, parálisis y pérdida procedentes de otras vidas. A diferencia de R. C., ella hizo las conexiones al momento y estaba entusiasmada cuando se marchó de mi despacho y se reunió con él en la recepción. Sonreí mientras los observaba marcharse en el crepúsculo del verano, sabiendo que les esperaban conversaciones y experiencias fascinantes.

R. C. no volvió a tener más resfriados de pecho, ni mucho menos otra neumonía. Ni un solo resfriado. Tampoco volvió a perder más días de trabajo hasta que se jubiló cinco años después. Camille, entretanto, pronto volvió a estar fuerte y lo bastante sana para aceptar una oferta de trabajo de una amiga que tenía una guardería, donde los niños, que a ella le encantaban, la mantenían joven, ocupada, motivada y activa. La última carta que me enviaron me llegó hace un año. Su remite ponía «Cualquier lugar de los Estados Unidos», y me habían mandado una foto suya saludando alegremente desde la cabina de su nueva autocaravana. La posdata escrita a mano sencillamente decía: «¡Qué puedo decir: cuando se tiene razón, se tiene razón. ¡Gracias! R. C.».

JUDITH

• *Asma crónica*

Judith padecía esporádicamente graves ataques de asma que empezaron cuando cumplió los veinte años, tras el nacimiento de su único hijo. Ahora tenía cuarenta y tres, y estaba orgullosa de haber estudiado medicina y haberse licenciado a esa edad; su sueño era abrir una consulta privada de pediatría en su ciudad natal cerca de Cleveland. Su determinación de «conquistar» su asma no era sólo por ella, sino por el bien de sus futuros jóvenes pacientes, cuya enfermedad, al igual que la suya, parecía no responder a los tratamientos médicos.

—Si esto funciona —me dijo— espero que no te importe que aprenda tu técnica y la utilice cuando falle todo lo demás, para ayudar a los niños asmáticos que voy a tratar.

No sólo no me importa, sino que me encanta que alguien, especialmente un médico o psiquiatra, sienta curiosidad, sea creativo y lo bastante flexible para preocuparse más por las cosas que funcionan y que no pueden causar ningún daño, que por la ciencia y la lógica tradicional. Tal como le dije a Judith, no soy lo que se suele decir posesiva respecto a mi información. Lo que sé, tú también lo puedes saber, y cuantos más seamos mejor.

Su buena predisposición hizo que fuera una persona perfecta para la hipnosis, y casi sin darme cuenta ya estaba en «trance», en Perú, en un tiempo desconocido. Era un muchacho muy pobre que mendigaba comida y monedas en la escalinata de la iglesia de la ciudad. Su madre, la única familia que tenía, estaba ausente durante largos períodos de tiempo con una serie de hombres con la esperanza de que alguno cuidara de ellos, pero al final siempre acababan abandonándola. Cuando él tenía trece años contrajo tuberculosis por estar constantemente expuesto a la intemperie, no recibió tratamiento, y quedó muy débil y frágil. Al final su madre encontró un trabajo en casa de una familia en una ciudad algo alejada de donde vivían. Estaban cruzando las montañas juntos en dirección al pueblo, cuando de pronto el aire se volvió demasiado enrarecido para él y ya no pudo respirar. Murió feliz de liberarse de esta vida vacía y solitaria y su madre le enterró en una alta meseta.

En su segunda vida anterior que visitó, era una mujer y estaba en Alemania. Vivía sola con su egoísta, cruel y narcisista madre, que exigía en todo momento el tiempo y la atención de Judith. Tenían mucho dinero que habían heredado, lo cual hacía que Judith se sintiera todavía más atrapada, al no necesitar un trabajo ni tener una buena razón para escaparse de casa e iniciar algo que se pareciera a una vida propia. Por muy poco que le gustara su madre y se sintiera «ahogada» (sus propias palabras), también sentía lástima por ella y sabía que nunca podría vivir con la carga de abandonar a esa cruel mujer a su autoimpuesto aislamiento. Una noche tuvieron una terrible discusión, durante la cual Judith la amenazó diciéndole que la iba a dejar. Su desesperada y vengativa madre se «puso como loca», y mientras Judith dormía, la encerró en su dormitorio y prendió fuego a la casa, cometiendo un acto de homicidio-suicidio. Cuando consiguieron sofocar el incendio, la madre de Judith había muerto abrasada, y Judith, asfixiada.

No me gusta generalizar, pero me he dado cuenta de que muchas veces los clientes con asma o problemas respiratorios están debatiéndose con problemas de memoria celular de relaciones difíciles con sus madres en vidas anteriores, ya sea por rechazo, por ausencia o por «dominación» excesiva. Judith no era una excepción, y tampoco era extraño que su asma comenzara cuando tuvo a su único hijo y ella se convirtiera en madre. Me confesó que el nacimiento de su único hijo le había causado muchos conflictos. Por una parte amaba al bebé con todo su corazón. Por la otra se sentía desbordada, asustada y, para su vergüenza, un poco resentida por la tremenda responsabilidad que la maternidad presentaba para ella. Su historia con la palabra «madre» ya era bastante fuerte, pero en su caso, las dos madres que ella recuerda le causaron supuesta y literalmente sus problemas respiratorios.

Por supuesto, sólo el tiempo diría si la regresión había tenido algún efecto duradero en el asma de Judith, pero sospechaba que los resultados en ella serían espectaculares, principalmente debido a su actitud tan abierta, y que tendría noticias suyas en dos o tres meses como mucho. Pero fue antes de lo que me imaginaba; al cabo de un mes me llamó para decirme que parecía que su asma se había curado y que respiraba con absoluta normalidad y sin problemas por primera vez en veintitrés años. Sin embargo, todavía no se sentía lo bastante segura como para tirar su inhalador y dejar de tomar la medicación, pero ceremoniosamente los trasladó desde el estante más accesible de su botiquín hasta el más alto de otro armario que no utilizaba, y no ha vuelto a pensar en ellos, mucho menos a utilizarlos, en las últimas tres semanas. Jamás habría creído que podrían pasar más de tres días sin utilizarlos, ni mucho menos no acordarse de ellos. Creedme que no podía sentirme más feliz por ella. Pero he de admitir que lo que más me entusiasma es saber que Judith está haciendo un Máster en hipnotismo, junto con sus otros cursos de posgrado en pediatría, y realmente intenta incluir las regresiones a vidas pasadas en su arsenal de herramientas para combatir cualquier enfermedad infantil que no responda a los tratamientos tradicionales. «Soy una prueba viviente de que funciona», me dijo no hace mucho en una carta. «¿Qué clase de médico iba a ser si algo que funciona no lo pongo en práctica porque suena raro?»

Para los médicos que estén leyendo esto: es una buena pregunta.

BO

• Esclerosis múltiple

Si me conoces un poco, sabrás que Montel Williams es mi mejor y más apreciado amigo y que le quiero en esta vida al igual que le he querido en las vidas anteriores que hemos compartido. En el año 2000 anunció al mundo que estaba luchando contra la esclerosis múltiple. De modo que cuando digo que nada me gustaría más que ser capaz de curar la esclerosis múltiple, lo digo de todo corazón y no exagero. Hasta que pueda conseguirlo, si es que alguna vez lo consigo, las personas que padecen esta cruel enfermedad ocuparán un lugar muy especial en mi corazón. Bo era un atractivo ranchero de Tejas con un deje lento y una sonrisa tímida y asimétrica. Su médico le dijo que viniera a verme para ver si podía ayudarle a aliviar algo los dolores que padecía por la esclerosis múltiple que le habían diagnosticado hacía tres años, y la verdad es que me alegré mucho de tener la oportunidad de ayudarle. Bo, tras una infancia de pobreza y abusos, había amasado una fortuna gracias a lo mucho que había trabajado y a sus sabias inversiones. Era veterano de guerra con un historial militar destacado, sobrevivió a un intento de asesinato por parte de su avariciosa ex mujer y su joven amante, había donado un riñón a su hijo mayor en un trasplante que se realizó con éxito, había salvado su rancho de los desastres naturales, de los reveses del mercado y del desfalco de un contable. Pero jamás se había

sentido tan amenazado o atemorizado como en el momento en que su médico le dijo: «Tienes esclerosis múltiple». Se estaba enfrentando a su esclerosis múltiple como lo había hecho hasta sus cuarenta y seis años con cualquier otro reto, mirando hacia delante, con la intención de acabar con todos los obstáculos basándose en la premisa de que «Dios y yo tenemos un pacto, yo tengo fe en Él y Él la tiene en mí. Si pone un obstáculo en mi camino y no puedo mantener una buena lucha, no estoy cumpliendo mi parte del trato».

Bo seguía las instrucciones de sus médicos al pie de la letra, había viajado mucho para someterse a todo tipo de tratamientos alternativos, estaba en varios grupos de apoyo de personas que padecen esta enfermedad, y apoyaba anónimamente a familias que estaban en una grave situación económica debido a aquella. La frase «Hacer un buen combate» en su caso se quedaba corta, y cuanto más hablábamos, más le admiraba. También se había convertido en uno de los grandes fans de Montel tras enterarse de que ambos estaban luchando contra el mismo insidioso enemigo. Un día, mirando el show de Montel, me vio y decidió que, a pesar de que no estaba seguro de lo que opinaba sobre el mundo de las ciencias ocultas, estaba seguro de que ambos compartíamos nuestro sólido amor por Dios y de que yo no me andaría con chiquitas con él.

—¿Quieres ser más rica de lo que jamás hubieras podido soñar? —me dijo.

—¿Quién no? —le respondí—. ¿Por qué?

—Cúrame y te daré todo lo que tengo.

Puse mi mano sobre su hombro.

—Bo, te digo esto de todo corazón: si pudiera curarte, lo haría gratis. Pero te prometo que en unos años se podrá curar esta enfermedad.

Me estudió, buscando algún indicio de que quizás estaba siendo condescendiente con él o que le estaba ofreciendo al-

gún tipo de falsa esperanza. Al darse cuenta de que mi promesa era sincera, sonrió un poco. Luego, tras un silencio, se aclaró dubitativamente la garganta y dijo:

—Quieres hacerme una regresión. Es evidente que crees
en la reencarnación.

—Por supuesto.

—Muy bien, voy a preguntarte algo —prosiguió—. Supongamos que la reencarnación, el karma y todas esas cosas
sean ciertas. ¿Significa esta enfermedad que hice algo terrible
en otra vida y que ahora estoy pagando por ello?

—Podría pasarme horas respondiendo a esa pregunta
—le dije—. Pero la versión abreviada es: por supuesto que no.
Antes de venir a la Tierra, trazamos un plan para la siguiente
vida, que incluye todos los obstáculos a los que nos vamos a
enfrentar para conseguir las metas que nos hemos propuesto.

Parecía bastante incrédulo.

—¿Estás diciendo que yo elegí tener esclerosis múltiple?

—Eso es justamente lo que quiero decir, y por mucho que
nos cueste creerlo ahora, llegará un día en que comprenderás
por qué lo hiciste. Entretanto recuerda esto: sólo los más va-
lientes, los espíritus más extraordinarios tienen el valor de someterse a grandes retos como el tuyo. ¿Realmente crees que
un pequeño espíritu caprichoso e insulso podría aguantar lo
que tú estás pasando ahora?

—No, no lo creo —acabó diciendo con total convic-
ción—. ¿Lo ves? Todavía no hemos empezado y ya me siento
mejor. ¿Cómo funciona esto? ¿He de decirte dónde me duele
más?

—No me digas nada, Bo. Cuanto menos sepa antes de
empezar, más seguro estarás al final de que no te he influido,
manipulado o puesto palabras en tu boca. No voy a darte las
respuestas, eres tú quien me las vas a decir. De momento, lo
único que tienes que hacer es ponerte cómodo.

Comencé con una meditación de relajación especialmente larga y profunda, y vi cómo los músculos de su mandíbula contraídos por el dolor empezaban a aflojarse gradualmente y parecía tranquilo a medida que le iba conduciendo al estado de hipnosis. Recé para que sus células recordaran esa paz que podía reclamar siempre que quisiera, y luego le guié hasta su pasado.

Era en la Toscana, en Italia. En el año 1041, Bo era un muchacho de catorce años, con un hermano gemelo idéntico llamado Garon, que era ciego. Eran los mayores de los doce hijos de unos padres muy trabajadores, totalmente entregados a su familia. Los domingos, recordaba Bo, los abuelos, los tíos y tías y los primos se desplazaban desde toda la región para reunirse a celebrar grandes y ruidosos banquetes llenos de algarabía, de amor, afecto y lealtad. Sin embargo, por mucho que a Bo le gustaban todas esas personas felices y generosas que le rodeaban, no había nadie a quien amara más que a su hermano gemelo: esa imagen silenciosa y valiente que era su propio reflejo, que no se quejó ni una sola vez de su ceguera, y que siempre sabía lo que Bo pensaba y sentía sin que éste se lo dijera. Bo tenía el don de la horticultura, y pasaba largos y felices días en las modestas tierras de cultivo y huertos de la familia; casi podía sentir cómo las plantas se emocionaban con sus cuidados. Garon trabajaba codo a codo con él, era su alumno más entusiasta y su mejor ayuda, y ambos compartían secretos, historias y sueños, hasta el punto que ninguno de los dos estaba seguro dónde terminaba uno y dónde empezaba el otro. Cada mañana antes del amanecer, Bo y Garon cargaban un gran carro con sus apreciadas verduras, las mejores que podían hallarse en muchos kilómetros a la redonda, y las llevaban a la parada de su padre en el mercado al aire libre donde éste trabajaba. Su padre estaba orgulloso del talento de Bo, de tener el mejor producto del mercado, y en especial de la dedicación de sus gemelos para contribuir a la seguridad financiera de la familia.

Una fría mañana muy temprano, Bo y Garon acababan de llegar a la ciudad y empezaron a hacer viajes por la estrecha calle del mercado para descargar su mercancía, cuando a un tendero se le aflojó la traba de la rueda de su enorme carro cargado de grano, y éste empezó a rodar descontroladamente calle abajo; era imposible pararlo e iba directo hacia Garon. Confundido por todo el ruido y sin poder ver el carro, Garon se quedó aterrado en medio de la calle, hasta que Bo embistió a su querido hermano para apartarle del camino en el momento crucial. Garon se salvó sin un rasguño. Pero fue demasiado tarde para Bo. El carro le pasó por encima con sus pesadas ruedas de madera, aplastando su pecho y sus piernas. Su padre y su hermano estuvieron junto a él al momento, sosteniéndole, llorando desconsoladamente, y las últimas palabras que escuchó Bo antes de morir fueron las de Garon preguntándole qué había sucedido y rezando para que se pusiera bien.

Al cabo de bastante rato de la regresión, mientras Bo y yo hablábamos de la vida pasada que realmente le había afectado, él me preguntó sosegadamente:

—¿Puedo decirte ahora dónde he tenido los peores dolores en los últimos seis u ocho meses?

Yo ya lo sabía, pero quería oírlo de sus labios, para asegurarme de que había hecho la conexión.

—Por favor —le respondí.

—Por el estómago y la parte superior del abdomen, y en las piernas, por encima de las rodillas. Justo donde las ruedas del carro me habían aplastado. Esta historia de las vidas pasadas puede que sea nueva para mí, pero vi cómo sucedía, con una claridad diáfana, y no es una coincidencia, estoy seguro, ¡maldita sea!

Le hablé de la memoria celular y oramos juntos para que

sus células liberaran el terrible dolor que habían estado reteniendo durante casi mil años. Al final le pregunté en qué estaba pensando.

—¿Quieres saber hasta qué punto ha sido real para mí la experiencia? Me preguntaba qué le sucedió al pobre Garon tras mi muerte —confesó—. Espero que estuviera bien.

—Dime —le dije ocultando una sonrisa—. ¿Te ha resultado familiar, o quizás te recuerda a alguien que conoces ahora?

Pensó durante unos minutos.

—Ahora que lo dices, aunque no se parecen en nada físicamente, había algo en él que era exactamente como mi hijo mayor Wayne.

—¿Tu hijo mayor en esta vida? ¿Al que le donaste un riñón?

Bo asintió con la cabeza y yo proseguí diciéndole que él y Wayne habían compartido algunas vidas juntos. La primera fue en Italia. La segunda eran grandes amigos en Alaska, y la tercera, en Marruecos, donde fueron primas inseparables. En todas ellas se habían entregado el uno al otro, en cada vida Bo había sido el cuidador de ambos, y en todas sus vidas juntos desde la de Toscana, Bo había intentado compensar haber abandonado a Garon/Wayne tan joven y tan de repente, mientras Garon/Wayne había estado intentando compensar a Bo por salvarle la vida.

—Te sorprendería saber cuántas cosas me explica esto sobre Wayne y yo —me dijo con una sonrisa.

—De hecho, él estaba conmigo cuando el médico me dio la noticia de mi esclerosis múltiple, y se lo tomó peor que yo. Incluso dijo que desearía que le hubiera pasado a él, en lugar de a mí. Le dije que no quería volver a oírle hablar de ese modo, pero supongo que si tienes razón con lo que dices, puede que esté harto de sobrevivirme.

Me miró.

—Puedo imaginar su mirada si me siento con él y le digo: «Oye Wayne, hoy he ido a ver a una vidente y me ha dicho que esta es nuestra cuarta vida juntos». Esta vez me volverá a meter en una ambulancia con el corazón latiendo a toda marcha, se olvidará de la esclerosis múltiple, y me llevará a un psiquiátrico.

Bo y yo hemos estado en contacto desde entonces. Continúa con su valiente y feroz lucha contra la esclerosis múltiple, sigue ayudando a otros enfermos de esta dolencia, y ahora los incluye en sus plegarias de todos los días para que Dios los ayude a liberar todos los recuerdos celulares negativos en la luz blanca del Espíritu Santo. Su dolor ya no lo tiene localizado en el estómago, abdomen y piernas, y no pasa un solo día en que no sea consciente del gran alivio que siente en esas zonas específicas. Ni tampoco pasa un solo día en que no sea consciente de que ya no teme a su enfermedad o a la muerte, tras esa hora que pasó en Italia hace un milenio con un hermano gemelo llamado Garon, al que ahora conoce como su hijo Wayne.

En cuanto a Wayne, Bo le llevó a una conferencia que di en Tejas. Durante la meditación Wayne creyó haber tenido una visión de un mercado al aire libre, de muchas frutas y verduras en un carro, y de un hermano que de algún modo le recordaba a su padre. Cuando Bo me llamó, me dijo sucintamente: «¿Qué te parece eso?».

JULIET

• *Anorexia*

Del mismo modo que me gustaría poder decir que soy capaz de curar la esclerosis múltiple, también me gustaría tener en mi manga una cura infalible para la anorexia. Esta compleja, descorazonadora y a veces fatal desgracia es tan difícil de comprender como de conquistar, y su origen siempre se puede hallar en cualquier lugar bien oculto, incluida la memoria celular. Gracias a Dios, el caso de Juliet era uno de esos que estaba dispuesto a dejarse ver con facilidad.

Juliet tenía veintiún años, y hacía casi cuatro años que era anoréxica, desde su primer año en una de las mejores y elitistas universidades del Noreste. Con su 1,64 metros de altura y sus poco más de cuarenta kilos, estaba peligrosamente delgada. Su piel era de color gris-blanquecino, su largo cabello oscuro se veía tan lacio y desvitalizado como ella, y no había brillo en sus hundidos ojos. El psiquiatra que me la envió me describió sus tres años de tratamiento como el fracaso más estrepitoso de su carrera.

—No me estoy rindiendo al mandártela a ti —me aseguró—. No me rendiré hasta que dé su último suspiro, cuando sea muy mayor, eso espero, y con la casa repleta de nietos. Me conoces desde hace veinte años. Sabes que no soporto perder. Pero temo que voy a perder este caso si no juego el as que tengo en la manga, y tras tu historial con algunos de mis pacientes, ese as eres tú. Espero que no te moleste que te considere mi as de reserva.

—¿Después de todo lo que me han dicho en mi vida? Debes estar bromeando. Tráemela tan pronto como puedas y la pondré la primera de mi lista de casos «urgentes».

Para acabar de completar el cuadro de problemas físicos de Juliet, también padecía disentería grave. Le habían hecho «casi un millar» de pruebas gastrointestinales, que siempre daban resultados normales.

—Soy tan «normal» —me dijo empezando a llorar—, que he tenido que abandonar los estudios. Soy tan «normal» que apenas tengo fuerzas para levantarme de la cama por la mañana. Soy tan «normal» que mi familia se echa a llorar cada vez que me ve. Si me vuelvo más «normal» me moriré.

No era autocompasión, sino la comprobación de un hecho; sabía que la muerte empezaba a sonarle como la única solución posible. Quizá si pudiera ayudarla a descubrir por qué una bonita, brillante y privilegiada joven con talento, con un futuro brillante para escoger profesión y con una familia encantadora que la apoyaba, prefería morir de inanición que seguir viviendo, podría salir de mi consulta recordando lo que es la esperanza.

A pesar de lo enferma que estaba Juliet, la mente de su espíritu estaba sana, rebosante de vida y deseando ser escuchada. Hasta su voz cambió cuando empezó la regresión, pasó del apagado tono monótono del presente a una entonación vibrante, fuerte y segura.

En la primera vida que recordó, era una valiente india americana de la región Noroeste del Pacífico. Conocía tan bien los densos bosques en varios kilómetros a la redonda como si ella misma los hubiera creado. Podía sobrevivir sola en esos bosques durante varias semanas seguidas, y así lo hacía, lejos de la tribu en busca de pieles preciosas. Cada árbol y planta era una gran fuente de alimento y de aceites curativos. Cada rama rota, cada montón de hojas fuera de lugar le contaba historias tan fáciles de interpretar como a un niño un manual de lectura básica. El cielo era su inseparable guía y su cronómetro, cada brisa estaba cargada de aromas que definían cada matiz de lo que le rodeaba, e incluso el silencio de las noches oscuras estaba lleno de secretos que la tierra parecía susurrarle, para que sólo ella pudiera oírlos. Sus instintos estaban tan afinados como los de las criaturas salvajes entre las cuales se sentía honrada de vivir, y podía sentir el Espíritu Divino en la Tierra, en el cielo, y en los animales que todos juntos le ofrecían un hogar que ella consideraba sagrado.

Cada luna nueva regresaba a su pequeña tribu con pieles y comida. Trataba a su familia y a los ancianos de la tribu casi con un respeto reverente, y tenía el privilegio de ser una contribuyente muy prolífica para su bienestar. No obstante, al cabo de unas pocas horas en el banquete tradicional que se celebraba en el poblado en gratitud al Espíritu Divino por hábersela devuelto sana y salva y por la generosidad de la creación divina, invariablemente se saturaba y sentía claustrofobia en compañía de toda esa gente con sus bien intencionadas pero ruidosas expectativas, y se escapaba en silencio al denso y bendito bosque, donde sentía que pertenecía.

Todavía era joven, tenía poco más de veinte años, al menos eso cree, cuando regresaba a su poblado con víveres y la sorprendió una terrible fiebre. Estaba casi inconsciente cuando la encontraron y la llevaron junto a su madre y su abuela, que la atendieron con la ayuda de un chamán; le prepararon densos caldos y elixires caseros, pero ninguno de ellos pudo curarla. Todo el pueblo se reunió a su alrededor, ofreciéndole cantos y plegarias para su sanación, mientras se iba debilitando más y más.

—Chillan demasiado —me dijo—. Demasiado movimiento y ruido. No puedo oír.

—¿Qué es lo que no puedes oír, Juliet? —le pregunté.

—A la Tierra —respondió.

Aguantó seis interminables días más antes de «ser liberada y de que su espíritu fuera recibido en la paz de Dios». Se sentía agradecida, casi dichosa de haberse marchado, y era consciente de que muchas veces durante esos seis días había realizado viajes astrales a las profundidades de sus amados bosques para decirles adiós.

Juliet revivió otras dos vidas durante su regresión con mucho menos detalle. En una de ellas pasó treinta años confinada acusada de traición, y murió de peritonitis aguda e infección abdominal, dos meses más de sufrimiento tras su puesta en libertad. En otra vida, fue secuestrada de una escuela rural para párvulos a principios de 1900, vendida como prostituta en Miami a los doce años, y golpeada hasta la muerte por sus guardianes a los quince años cuando intentaba huir.

Vida tras vida, incluyendo la actual, Juliet se debatía con el asunto de la razón de vivir. Antes de venir a la Tierra, escribimos un detallado plan para la vida que estamos a punto de emprender, una especie de mapa de carreteras para conseguir las metas que nos hemos propuesto mientras estamos aquí. También elegimos un tema, de una lista de 44 temas vitales, que definirá nuestra esencia, nuestra fuerza primordial que nos conducirá durante esta vida. Los 44 temas vitales y sus descripciones están descritos en mis libros *The Other Side and Back* y *The Other Side*, pero por ahora me centraré sólo en el tema escogido por Juliet: solitaria. Las personas con un tema solitario pueden ser muy sociables, visibles y activas públicamente, pero su verdadera comodidad la encuentran en la soledad, cuando se sienten libres para tomar sus propias decisiones y, generalmente, cuando pueden controlar su entorno. A los solitarios estar con mucha gente los hace sentirse más solos, especialmente cuando esas personas les son ajenas, o meras conocidas que no pueden ofrecerle ningún tipo de intimidad. Donde otros se encuentran bien y se sienten apoyados emocionalmente y estimulados por el grupo, los solitarios se irritan, sienten confusión y que les están invadiendo su pequeño espacio privado al que necesitan tener libre acceso. En el fondo, un solitario necesita la posibilidad de controlar lo que le rodea tanto como el oxígeno, aunque sólo sea durante breves períodos de tiempo. La intimidad para ellos es recargar baterías, regenerar su suministro de energía y nutrirse con el lujo de tomar sus propias decisiones sin participación, compromiso o interrupción hasta que están listos para aceptarlos de nuevo.

Vida tras vida Juliet había pasado de un ambiente de tranquila simplicidad y algo semejante a la intimidad a otro lleno de gente que, para ella, significaba una sobrecarga de ruido imparable, de confusión, una invasión de su espacio. A esos mensajes de su memoria celular, retenidos de otras vidas, se añadía la idea de que la intimidad y la sencillez eran seguras, mientras que estar rodeado de otras personas significaba la muerte.

Ahora, en esta vida, Juliet se había marchado de casa de sus padres, donde su familia, aunque no tenía precisamente muy en cuenta su necesidad de intimidad, la respetaban y se adaptaban a ella lo mejor que podían, para ir a vivir a una de las grandes, prestigiosas y bulliciosas universidades, que estaba plenamente preparada para alimentar el intelecto y la ambición de todos los alumnos, pero no para proporcionar la individualidad emocional específica de cada uno de ellos. En lo que a la memoria celular de Juliet respectaba, esos dormitorios del campus, las compañeras de habitación, las clases abarrotadas, las comidas en común y las aparentemente obligatorias fiestas de captación de las fraternidades de mujeres y sus actividades no se diferenciaban del poblado indio, la confusa «libertad» de la sociedad tras treinta años de solitario confinamiento que sin duda ella prefería, y el control total y violento de sus secuestradores. Se sentía amenazada, rodeada, igual que como se había sentido en esas otras vidas. Su cuerpo, guiándose por las células que alimentaban esa información, estaba haciendo lo que las experiencias del pasado le habían enseñado que era inevitable, y sencillamente se estaba preparando para morir. Después de tres muertes con afecciones gastrointestinales, ¿qué podía ser más natural, en su caso, que el camino de morir a través de la disentería y la desnutrición? Con un tema solitario y la realidad de que la intimidad es esencial como alimento emocional, ¿por qué la imparable privación de esa intimidad no iba a manifestarse en un evidente despliegue en la forma de malnutrición física? Y si en el fondo del tema del solitario se halla una necesidad de controlar el entorno inmediato, ¿no era casi previsible que Juliet buscara la única cosa —qué cantidad de comida ingerir— que nadie podía dictarle? Irónicamente, la preocupación de todos sobre su anorexia no hacía más que empeorar las cosas. Si ella pensaba que antes estaba desbordada de gente, eso no era nada comparado con la masa que parecía estar siempre a su alrededor, asegurándose de que comiera, de que no faltara a las visitas de los médicos que intentaban analizarla, de insistir en que se abriera y contara lo que le estaba causando este terrible problema, saturándola de consejos bienintencionados, etcétera, etcétera, etcétera, todo ello por amor, pero todo ello hacía que tuviera más ganas de escapar que nunca.

Quiero enfatizar esto de nuevo: no estoy sugiriendo que en el fondo de cada caso de anorexia exista un tema de soledad no realizado, ni siquiera que todos los casos de anorexia se puedan curar con regresiones. Pero en el caso de Juliet funcionó, gracias a Dios. El primer paso fue reconocer y liberar toda la información negativa que sus recuerdos celulares le estaban transmitiendo. El siguiente fue cooperar con su tema de soledad de una forma positiva, en lugar de luchar contra él, o incluso hasta sentirse culpable por ello. Tan pronto como regresó a la universidad, se marchó del dormitorio compartido y se fue a un diminuto apartamento fuera del campus que a la mayoría de las personas les habría parecido claustrofóbico, pero que para ella era un paraíso, puesto que no había sitio para nadie más. Educadamente rechazó las invitaciones a las fiestas de las hermandades universitarias con un neutral «no es para mí, gracias». Escogía sus actividades extraescolares y eliminaba aquellas que se caracterizaban por reunir a mucha gente, ser bulliciosas y desempeñar funciones sociales, y en su lugar se centró en actividades relativamente aisladas como participar en un programa de tutorías para niños de los barrios pobres de la ciudad, responder al teléfono de ayuda para mujeres maltratadas, e incluso el deporte más privado, el golf. Habló con su profesor favorito y se ofreció como voluntaria para un proyecto de investigación en el laboratorio que él había propuesto, con el cual estaba encantada y en el que hizo una labor destacada. No fue por arte de magia, sino informando a sus células, mediante la meditación, que ella pretendía vivir, no morir; empezó a comer de nuevo, al cabo de un mes estaba haciendo ya tres comidas al día, y a los tres meses había engordado casi cinco kilos, mientras que su disentería había desaparecido por completo.

Han pasado seis años desde la regresión de Juliet. Todavía está delgada, pero pesa quince kilos más que cuando la conocí y es feliz, está sana, y es una patóloga forense de mucho prestigio, una brillante mezcla de sus dotes académicas y su habilidad para medrar y sobresalir cuando tiene la oportunidad de disponer de muchas horas de concentración ininterrumpida.

Respecto al psiquiatra que me envió a Juliet, le di mi palabra de honor de que mantendría en secreto su identidad, especialmente después de que me llamara para felicitarme por la espectacular recuperación de su paciente, que terminó con su tímida propuesta de pedirme que le hiciera una regresión. Esa regresión aclaró un caso grave de psoriasis crónica en su pie y tobillo izquierdos, al descubrir que se había quemado hasta el hueso en una casa en llamas en Bulgaria en el año 1507. La quemadura se infectó y la infección acabó con su vida.

Ahora me he comprometido a enseñarle las técnicas de hipnosis regresiva también a su dermatólogo, que estuvo dos años tratando esa psoriasis que catalogó de incurable. Según me dijeron en una carta reciente que me escribieron los dos: «Creemos que si este tratamiento de la memoria celular medra, o nos quedaremos sin trabajo, o cuadruplicaremos nuestra clientela. Esperemos que sea este último caso».

RICH

- *Dolor fuerte en el cuello*
- *Mareo al viajar en barco*

Rich es otro ejemplo de cómo, lejos de guiar a mis clientes durante una sesión de hipnosis, sencillamente los acompaño para cualquier ayuda que puedan necesitar de mí. Los ayudo a traspasar el umbral hacia su pasado, doy forma a sus regresiones, los mantengo a salvo de cualquier daño emocional mientras están en «trance», y cuando ha finalizado la regresión, los ayudo a procesar la experiencia y a liberar el dolor que han padecido. Aparte de eso, es su viaje, no el mío, y muchas veces yo me sorprendo tanto como ellos al ver adónde los conduce.

Rich tenía treinta y dos años, era un batería con bastante éxito que trabajaba por cuenta propia para estudios de grabación y varios grupos musicales. A diferencia de la imagen típica del músico informal, de pelo largo, fumador de yerba e itinerante, Rich era un hombre pulido, divertido, expresivo, que no tomaba drogas, bien vestido y padre de familia, con una hipoteca, un Volvo, una esposa y dos hijos a los que adoraba, y un tercero que estaba en camino, y para el cual él mismo le estaba preparando una habitación. Su a menudo insoportable dolor de cuello había comenzado sin previo aviso a los veinticinco años, mientras hacía de árbitro en un partido de *softball* de su barrio para un grupo de amigos y sus hijos. No había causa aparente, ningún traumatismo, ni colisión con un corredor de la base, ni siquiera una torcedura o un giro extraño de su cuerpo del que fuera consciente. Tal como él lo describía: «Sencillamente me sorprendió sin venir de ninguna parte, como si me hubieran dado un golpe con un martillo en la parte posterior del cuello». Le habían hecho radiografías, resonancias magnéticas, tratamientos quiroprácticos, le habían visitado terapeutas de medicina deportiva y acupuntores, le habían inyectado cortisona y recetado toda la gama existente de medicamentos desde antiinflamatorios, relajantes musculares, compresas frías y calientes hasta ultrasonidos, y en lo que a él respectaba, estaba peor siete años después que cuando le sorprendió el dolor por primera vez. Ahora, en lugar de tener sólo un dolor de cuello, tenía dolor de cuello y una cuota del seguro médico más alta por todo lo que había utilizado.

—Te juro que viviría con esto si pudiera, pero cada vez interfiere más en mi trabajo. Intenta tocar la batería sin mover la cabeza. Mírame, llevo haciéndolo durante años porque no es un trabajo diario, y es... —hizo una pausa, se rió un poco y prosiguió— perdón por la expresión, una verdadera putada. De todos modos, no puedo perder más tiempo yendo y viniendo de médico en médico sin que al parecer puedan ayudarme. Necesito ayuda, y la necesito ya.

—¡Bien! —dije, sonriendo entre dientes—. ¡Sin presiones! Aunque, a decir verdad, esa es justamente la actitud en la que creo y, maldita sea, haré todo lo que pueda. Sólo por curiosidad, aunque entiendo que quieras que deje de dolerte lo antes posible: ¿a qué viene tanta prisa?

—Es como un arma de doble filo —respondió—. Lo bueno es que acabo de firmar un contrato para dos meses de trabajo con una orquesta de baile de un crucero. Pero también es una mala noticia. Dos meses de cheques seguros es un regalo de Dios en mi profesión, y es casi como un milagro con un bebé en camino. Pero lo malo es que no creo que sea capaz de resistir dos semanas seguidas con este dolor, haciendo cuatro pases cada noche, y no digamos dos meses. Y por si fuera poco todavía no te he contado lo peor de la historia y es que me mareo nada más pisar un barco.

—Estírate —insistí, con un carácter de urgencia sólo medio en broma—. Hemos de trabajar.

Era el año 1716 y Rich era marinero en un barco pirata que navegaba por la costa de las Indias Occidentales (Antillas). Su capitán era muy cruel no sólo con sus víctimas sino también con su tripulación, a la que azotaba, mataba de hambre y torturaba sistemáticamente, por la menor infracción real o imaginaria. La mayoría de los hombres de a bordo eran delincuentes y estaban dispuestos a tolerar casi cualquier cosa para recibir su botín, y por la amoralidad de estar fuera de la ley que suponía la piratería. Pero Rich y unos pocos decidieron que la muerte era mejor que vivir en esas condiciones, así que una noche sin luna se deslizaron sigilosamente por un lateral del barco y se adentraron en el frío y bravo océano con la intención de nadar hasta tierra y escapar. No había forma de que pudieran saber que había un traidor entre su grupo de rebeldes que ya había alertado al capitán. Pronto fueron apresados por los hombres leales al capitán, que los alcanzaron fácilmente en sus botes. A los afortunados los mataron inmediatamente en el mar. Rich y otros dos o tres compañeros fueron atados y amordazados, les vendaron los ojos y los tiraron a la bodega. Rich no recuerda cuántos días o semanas fueron torturados y los dejaron sin comer, pero recuerda estar estirado en una plancha de madera en la oscuridad, con horribles dolores por las palizas, contraído y debilitado por no comer, incapaz de agarrarse a ningún sitio cuando el barco bailaba salvajemente durante una feroz tormenta. Se sintió agradecido cuando al final, en estado casi inconsciente, lo llevaron a cubierta desde la bodega y lo lanzaron por la borda para que se ahogara.

Nunca hago comentarios personales durante las regresiones, pero recuerdo que me impresionó que Rich hubiera firmado ese contrato para tocar en un crucero, con un recuerdo celular de barcos tan terrible como ese. También sabía que una vez liberada esa experiencia, no volvería a marearse en barco lo más mínimo.

Después Rich estaba en un acogedor, alegre y familiar *pub* sentado en la barra, rodeado de buenos amigos. Observó que había una ventana a través de la cual podía ver el Palacio de Buckingham a lo lejos. Tenía veinticinco años, estaba soltero y se ganaba bien la vida como ferrero. (Tuve que buscar esa palabra en el diccionario cuando se fue. Un ferrero es el término antiguo para herrero.) Apenas se dio cuenta de la presencia de dos hombres que entraban en el bar, uno de los cuales lo odiaba porque lo había despedido del trabajo por ladrón. Rich se estaba divirtiendo y optó por no tener en cuenta las miradas que éste le dirigía. De pronto sintió un tremendo golpe en la parte posterior del cuello y se cayó al suelo. Abrió los ojos el tiempo suficiente para poder ver al hombre de pie junto a él con una gruesa herramienta de hierro que parecía una palanca. Murió al cabo de dos días de una inflamación en el cerebro.

Apunté eso: «Murió de una herida en el cuello a los veinticinco años en otra vida, su dolor de cuello insoportable empezó a los veinticinco en esta vida». No hacía falta ser vidente para ver la relación. Fuimos avanzando y le pedí a Rich que me describiera lo que veía después de su muerte en esa vida. Hubo un largo silencio y empezó a hablarme de un banco de piedra que estaba cerca de una cascada de agua cristalina en un inmenso jardín de belleza indescriptible. A lo lejos podía ver un edificio de mármol blanco con columnas, donde parecía estar la entrada del jardín. Rich no había leído mi libro *Life on The Other Side*, no podía saber que me estaba haciendo un retrato perfecto de los jardines del palacio de justicia de El Otro Lado.

—¿Qué estás haciendo en ese banco de piedra, Rich? ¿Qué está sucediendo a tu alrededor? —le pregunté.

—Estoy sentado, esperando. Se me ha pedido que viniera aquí —me dijo—. Ahora se me acerca un hombre. Era a él a quien esperaba. Es joven, aproximadamente de mi edad, pero tiene el pelo blanco y largo hasta los hombros y lleva una túnica, hábito o algo semejante de color amarillo-dorado.

—¿Sabes quién es?

—Dice que es mi espíritu guía. Se llama Aarón.

Me incliné hacia delante en mi silla. Aarón, sabía que ese era el nombre del espíritu guía de Rich en esta vida, no en el pasado como esperaba. Le pregunté si tenía una idea del momento en el tiempo en que se producía su visita a los jardines.

—Ahora —respondió—. Está sucediendo ahora mismo.

Me quedé fascinada. Parecía que Rich había pasado desde una regresión al pasado a un viaje astral en tiempo presente, en el que su espíritu había tenido la oportunidad de abandonar este cuerpo para pasearse por El Otro Lado. Luchaba contra la tentación de interrumpirle para indicarle lo que le estaba sucediendo, pero en su lugar sólo le pregunté:

—¿Por qué te ha pedido que vengas aquí, Rich? ¿Lo sabes? ¿Te está diciendo algo?

Escuchó silenciosamente durante uno o dos minutos sin decir ni una palabra. Cuando volvió a hablar, parecía intrigado, casi divertido.

—Mi espíritu guía me dice que no sólo he recordado esa experiencia en el *pub* para deshacerme de mi dolor en el cuello. También ha sido una advertencia para estar más alerta y prestar más atención a lo que está sucediendo a mis espaldas, para que no me vuelva a suceder algo parecido.

Cuando Rich salió de este estado de relajación y tuvimos una buena conversación con sus células respecto a soltar esos dolorosos recuerdos para poder disfrutar de su próximo trabajo en el crucero, le expliqué lo raro que es que un espíritu guía se presente en una regresión y le dé un consejo práctico para el futuro.

—Recuerda, tu espíritu guía puede leer el plan que escribiste para esta vida —le indiqué—. Cuando en el pasado, por pura terquedad, no había hecho caso a mi espíritu guía Francine, siempre he acabado lamentándolo.

Estaba confundido.

—Muy bien, digamos que escribiera otra herida por la espalda en ese plan. Si lo hice, ¿cómo sé que no debo seguir mi camino y dejar que suceda, por alguna razón que comprenderé más tarde?

—¿O cómo sabes que no habías escrito también esta sesión conmigo, para poder ser advertido y evitarlo? —le respondí con otra pregunta.

Asintió con la cabeza, y antes de marcharse le hice prometerme que estaríamos en contacto y que me diría cómo le había ido en el crucero y, por supuesto, el nacimiento de su hijo, que le prometí que sería un niño mofletudo y sano.

Casi cuatro meses después me llegó una larga carta escrita a mano. El crucero había ido de maravilla, ni el menor indicio de mareo. En lo que a su dolor de cuello respectaba, desapareció a los pocos días de la regresión y no había vuelto. Había un «pequeño acontecimiento» que había sucedido en el crucero y que no podía esperar más para decírmelo. La orquesta y él estaban en una gran tarima en el salón de baile principal del barco. A mitad de una actuación, cuando el director de la orquesta, que era el pianista, estaba tocando la introducción del siguiente tema, Rich oyó una vaga combinación de crujidos y ruidos por encima y detrás de él. Miró en dirección al ruido y se apartó una milésima de segundo antes de que el pesado telón de terciopelo de seis metros de alto con barra de hierro incluida se desplomaran, destruyendo el taburete de Rich antes de golpear y resquebrajar la plataforma de madera de teca de la que estaba hecho el escenario. «No me pasó nada —me escribió—, salvo el tembleque del susto que me duró toda la semana siguiente. Pero si tenía alguna duda sobre mi espíritu guía, ahora ya no me queda ninguna. Si tú y mi guía no me habéis salvado la vida, sin duda me habéis librado de un cuello roto.»

Me mandaron una foto de su regordete y sano bebé de una semana, al que le pusieron Israel.

NORA

• *Asma*
• *Dolor de espalda crónico*

Nora tenía treinta y cinco años y estaba embarazada de dos meses. Un embarazo anterior había acabado en aborto y ella estaba decidida a que con este no sucediera lo mismo, lo que implicaba conseguir estar lo más sana y fuerte posible hasta la finalización del mismo. Necesitaba ayuda para combatir el asma que padecía desde la adolescencia, y también esperaba que pudiéramos llegar al origen de su dolor de espalda que padecía desde una pequeña caída por una colina en una lección de esquí. A partir de entonces le daba pánico el esquí y cualquier cosa relacionada con dicho deporte. Sabía que era probable que su dolor empeorara con el progreso de su embarazo, pero según el especialista que la visitaba, no tenía nada. Estaba tan frustrada con su última visita cuando el médico le dijo que eran «imaginaciones suyas» que no pudo evitar responderle:

—Siento mi equivocación por haber venido a verle por un dolor de espalda, eso es demasiado complicado para usted. La próxima vez iré a ver a un vidente, que seguro que podrá hacer algo por mí.

Él le respondió de malos modos que si quería tirar el dinero con algún «vidente chiflado», no sería él quien se lo impidiera.

Creedme: hizo mucho más que aprovechar su dinero en los noventa minutos que pasamos juntas.

Descubrió la clave de su asma casi inmediatamente, en Inglaterra, en el año 1110. Tenía catorce años, estaba agachada y encogida en un rincón de una minúscula habitación de un sótano, fría y oscura, y cada costosa respiración estaba cargada de olor a moho y tierra. Estaba allí ocultándose segura de que si la descubrían la encarcelarían o la ejecutarían, por lo que entonces se consideraba «un crimen contra la Iglesia». Según parece formaba parte de un reducido grupo encubierto que adoraba a la Diosa Madre, se autodenominaban esenios, y estudiaban la «brujería» que ahora conocemos bajo el nombre de fitoterapia y aromaterapia. Una noche habían hecho una «redada» durante una ceremonia, y Nora había escapado y se había encerrado durante días en esa pequeñísima bodega que la mantenía a salvo del «establishment», pero que llenaba sus pulmones con las esporas de los hongos y el moho, y que le provocaron innumerables enfermedades debilitándola hasta morir cuatro años más tarde de pleuresía aguda.

El punto de entrada de Nora para su dolor de espalda fue Francia, en el año 1822; Nora tenía ocho años, era pequeña para su edad, tan diminuta y etéreamente bella como su madre, que era una famosa cantante. Su hermano Gérard tenía cinco años cuando ella nació. Estaba mimado, era arrogante y físicamente se parecía a su alto, atractivo y musculoso padre, que era el dueño de muchos de los clubes nocturnos donde cantaba su madre. Antes de que Nora naciera, a Gérard siempre le llevaban a esos clubes por la noche, donde estaban por él y le cuidaban como a un rey, mientras su madre cantaba ataviada con lujosos y brillantes trajes, y su padre iba de mesa en mesa saludando a los aduladores clientes como un poderoso y carismático titiritero animando a su divertida colección de marionetas. Pero cuando llegó Nora, a sus sociables padres

les resultó más fácil y menos problemático dejar a ambos niños al cuidado de una niñera que habían contratado en régimen de interina. De pronto, las queridas salidas nocturnas de
Gérard con sus padres terminaron y tuvo que compartir su
atención y afecto durante las pocas horas al día que estaban en
casa. En lo que a Gérard respectaba, su vida había pasado de
ser un festín a morirse de hambre, y todo ello se debía a ese
bebé intruso al que nadie había invitado. Él la rechazó desde
el principio. Su conducta respecto a ella oscilaba entre una gélida indiferencia y aprovechar la menor oportunidad para in-
fligirle cualquier dolor sin ser descubierto ni castigado.

Nora estaba lo bastante sana y era lo bastante independien-
te como para darse cuenta a una edad muy temprana de
que su hermano no era una persona muy agradable; su problema era su resentimiento hacia ella, pero no el suyo, y no estaba dispuesta a que le arruinara la vida feliz que estaba dispuesta a vivir. Nora y Gérard coexistían en su guerra fría no
declarada hasta el día del octavo cumpleaños de Nora. Una fa-
bulosa fiesta de cumpleaños la esperaba en el patio trasero,
con ponis, payasos, música, regalos y sus muchos amigos. Empezaba a bajar por la larga y curvada escalera de su casa para
dirigirse a la fiesta, cuando todo el desprecio y los celos de Gérard cayeron sobre ella: se le abalanzó por detrás lo más rápido que pudo y la empujó. Rodó violentamente por la dura escalera de madera hasta aterrizar en el suelo, se rompió la
espalda y el dolor era insoportable. Vio cómo Gerard que estaba en la parte superior de la escalera se giraba y desaparecía,
y murió antes de que llegaran los médicos.

No fue difícil imaginar que no existe demasiada diferencia entre la acción de caerse desde una gran escalinata y res-
balar por una colina helada cuando el esquí es un concepto
nuevo y temible. Está claro que su memoria celular pensó que
no existía diferencia alguna y transmitió la señal a su cuerpo

de que el resultado de esa acción era un terrible dolor de espalda, por pequeño que fuera el incidente esquiando. Nora, además, me dijo que desde siempre había tenido que luchar contra su miedo a las alturas, que nunca había subido en ascensor sin que le sudaran las manos, y que había vuelto loco a su marido cuando unos años antes habían estado buscando casa, porque se negaba a ni tan siquiera mirar los inmuebles de dos plantas.

Estaba ayudando a Nora a salir de su muerte a manos de Gérard cuando de pronto murmuró:

—He de conocer a mi hijo.

—¿El que perdiste? —le pregunté.

—El que llevo ahora. ¿Es posible?

Le expliqué que podíamos preguntar por cualquier espíritu con el que deseara hablar, pero que no había garantía de que se presentara. El espíritu guía de Nora era un hombre llamado Dominick. Le dije que escogiera un lugar específico para el encuentro, que lo imaginara con toda suerte de detalles, y que luego le pidiera a Dominick que invitara al espíritu de su futuro hijo para conocerle. El resto dependería del niño.

Nora describió un puente para peatones sobre un arroyo cristalino en medio de una interminable y sobrecogedora pradera. Más allá de la pradera pudo ver un enorme edificio de mármol blanco con lo que parecía una enorme escalinata de más de un kilómetro de altura que conducía a la entrada. Le pregunté si sabía dónde estaba.

—Me resulta familiar, pero no puedo situarlo —respondió.

No iba a interrumpirla para decírselo, pero estaba en la entrada de El Otro Lado, donde ya había estado muchas otras veces con anterioridad. El lejano edificio de mármol blanco que vio era el asombroso Palacio de la Sabiduría, que es la primera parada de todo recién llegado.

Al principio estaba sola. Luego apareció una mujer de pelo oscuro a su lado. La mujer tenía una impecable tez de color oliva, grandes ojos castaños, una angelical cara redonda y una grácil figura de reloj de arena.

—¿Quién es ella? —le pregunté.

En el rostro de Nora se dibujó una expresión de confusión.

—Dice que se llama Rachel y que es la hija que estoy esperando.

—¿Le crees?

—Me gustaría, es muy hermosa. Además tiene el color de piel de mi marido y los ojos de mi madre. Creo que no esperaba conocer a una mujer adulta.

Sonreí y le expliqué que en El Otro Lado todo el mundo tiene treinta años. Pero que no tenía por qué confiar en mi palabra, o ni tan siquiera en la de Rachel. A los siete meses, cuando naciera su bebé, sabría si esta experiencia era real o no.

—Quienquiera que sea, ha sido lo bastante amable como para venir a conocerte —le dije—. Así que quizá vale la pena que observes si tiene algo que decirte.

—Ella quiere que sepa que es el mismo bebé que estaba esperando antes, sólo que entonces no era el momento adecuado para ninguna de las dos, pero que esta vez todo irá bien y que será nuestra cuarta vida juntas. Hemos sido amigas íntimas dos veces, hemos sido hermanos, y la última vez fui su hijo.

Hizo una pausa y luego añadió.

—Dice que está muy impaciente por venir, que ha de nacer en noviembre, que es cierto, pero que se adelantará tres semanas.

Según ella misma admitió, su encuentro con su hija nonata no podía haber sido más claro ni más real, y su escepticismo era puramente una cuestión de miedo a creerlo. Podía haberse inventado toda la historia en su desesperación por llevar a buen término su embarazo. Le aseguré que no la culpaba ni a ella ni a nadie por su escepticismo, puesto que yo misma también lo era. Pero que tanto por parte de Rachel como por la mía como vidente, podía estar segura de que en octubre daría a luz a una niña sana. El tiempo diría si la predicción era cierta o no.

No tuvimos que esperar mucho para conocer los primeros resultados de su regresión. Al cabo de un mes Nora me dijo que tanto su asma como su dolor de espalda habían desaparecido por completo, hasta el punto de que empezaba a preguntarse si se los «habría imaginado» desde un principio.

Lo más significativo fue que a los siete meses de nuestro encuentro, el 24 de octubre, me comunicaron el nacimiento de una niña de 2,840 kilos, a la que pusieron Rachel. Tenía la piel de color aceituna como su padre, y grandes ojos castaños que le recordaban a los de su abuela materna.

Estoy segura de que algún día Nora le explicará a su hija su encuentro prenatal sobre un puente que cruzaba un arroyo cristalino a la sombra de un maravilloso edificio de mármol blanco, y si lo hace cuando su hija todavía sea una niña, hay muchas posibilidades de que Rachel también lo recuerde.

No cabe duda de que las enfermedades y dolores no diagnosticados son la principal preocupación de mis clientes de regresión y de los facultativos que me los envían. Pero vale la pena repetir que la memoria celular no es la causa de todos los problemas de salud, y que no se debe recurrir a ningún vidente, incluida yo, en substitución de un profesional de la medicina. Como suelo decir, Dios también ha creado a los médicos, y yo siempre insistiré en trabajar en colaboración con ellos y no substituyéndolos. De modo que os ruego que seáis diligentes respecto a vuestros problemas físicos y bienestar mental y que cuando algo no funcione, recordad que yo acojo a todo aquel que cruza mi puerta. Sin embargo, si queréis saber mi opinión, prefiero que cuando vengáis a verme, no lo hagáis sin antes haber recurrido a la medicina tradicional.

CUARTA PARTE

Memoria celular positiva y memoria celular de esta vida

Por si os lo habéis estado preguntando, existe una muy buena razón para especificar que nuestras células deben liberar cualquier recuerdo *negativo* que traigan de vidas pasadas en la luz blanca del Espíritu Santo. La mente de nuestro espíritu posee el don de la retención perfecta. Recuerda exactamente todo lo que ha experimentado. Como hemos visto, esa certeza incluye dolor físico y emocional, tanto el que hemos resuelto como el que no. Pero también incluye momentos de felicidad, de triunfo, de salud y de paz, de nuestras vidas en la Tierra y en El Otro Lado, y esos recuerdos celulares positivos pueden ser de gran valor para nuestras vidas actuales.

Al hablar de nuestra vida actual, por favor no interpretes que todos los recuerdos celulares a los que reaccionamos en cada instante del día proceden de vidas anteriores a ésta. Hemos visto una y otra vez que nuestras realidades no se limitan a lo que recuerda nuestra mente consciente, que nuestras realidades son una mezcla constante de recuerdos conscientes, y en cada momento la mente de nuestro espíritu recuerda e infunde esos recuerdos en nuestras células. Nuestra mente consciente es imperfecta, olvidadiza y autoprotectora. En el mejor de los casos, cree lo que quiere creer, interpreta los hechos en su propio beneficio y no se puede confiar en ella cuando se trata de lo que ha experimentado.

Si lo que nos ha sucedido se limitara nada más que a nuestros recuerdos conscientes, entonces nadie habría estado en el útero, ni habría pasado por el proceso del nacimiento, y todos habríamos iniciado nuestra vida aproximadamente a los tres años.

De modo que nuestra mente del espíritu guarda, por seguridad, lo negativo y lo positivo, de las vidas anteriores o de ésta, y nuestras células captan la señal.

JILL

• *Una encrucijada en la carrera*

Jill tenía treinta y cuatro años y en teoría tenía mucho éxito. A los veintiún años, recién salida de la universidad, la contrató una gran firma de marketing de la región del Midwest, y había ascendido con el paso de los años hasta alcanzar un codiciado puesto ejecutivo. Un matrimonio que duró seis años en su etapa de los veinte había terminado amigablemente y sin hijos, y utilizó su parte de la venta de la casa para comprarse otra más pequeña y bonita en la ciudad. Tenía una vida social bastante activa, pero debido a su trabajo siempre estaba viajando, y el trabajo la mantenía tan ocupada que no estaba interesada en encontrar a otro «Sr. Perfecto», mucho menos en hacerle sitio en su vida.

Sólo había un problema: no era feliz.

—Me siento como una ingrata, porque sé lo afortunada que soy y no tengo derecho a quejarme —me dijo—. Sin embargo, siento que en todos estos años no he hecho más que cumplir formulismos. Mi trabajo estimula mi cerebro, pero nada me llega al corazón, y cada vez me doy más cuenta de que la vida es demasiado corta para dejar que se me escape de este modo, sin que haya sitio para mi pasión. Cambiaría de profesión sin dudarlo, si supiera qué otra cosa puedo hacer bien y que me apasione al mismo tiempo.

—Hacer cumplir la ley —le respondí.

—Estoy hablando en serio —me dijo.

—Yo también —insistí—. Estás muy dotada para los rompecabezas, las pistas, desvelar misterios, para ese tipo de cosas. Dudo que alguien te haya conseguido engañar alguna vez. Eres como una auténtica máquina de poligrafía natural. Serías una gran detective, créeme, trabajo lo suficiente con la policía como para asegurarte de que te necesitarían y apreciarían.

Parecía más divertida que convencida.

—No lo sé, Sylvia, me parece un salto abismal de ser una ávida lectora de novelas policíacas a convertirme en policía.

—Hacer cumplir la ley no necesariamente significa «policía», Jill —le aclaré—. Me has preguntado a qué te podrías dedicar que te apasionara y fueras buena en ello, y te lo estoy diciendo. Eres desgraciada porque tu carrera de marketing no te ofrece una salida al tema de tu vida que es la «justicia».

—¡La justicia, vaya! —No rebatió nada—. En realidad es cierto. Nada me pone más frenética que ver que hay gente que se sale con la suya tras haber hecho algo injusto. Siempre me he preguntado por qué sucede eso.

Le pregunté si le gustaría averiguarlo y sonrió claramente intrigada.

Veinte minutos después estaba en la ciudad de Nueva Inglaterra. Era la primavera de 1923 y era un hombre de cuarenta y un años llamado Morgan —no estaba segura de si ese era el nombre de pila o el apellido, sólo sabía que así le llamaba todo el mundo—. Morgan era un médico de medicina general con una pequeña consulta privada, incansable, tremendamente leal con sus pacientes y famoso por desplazarse a cualquier distancia si en algún hogar le necesitaban. Morgan estaba casado con una mujer llamada Hesper, regañona, miserable, que se sentía desgraciada y se quejaba amargamente de ser la esposa del «único médico del Este de Estados Unidos que no era rico». Detestaba las interminables horas que su profesión le exigía, y parecía odiarle todavía más cuando estaba en casa. Le expresaba su amargo resentimiento despilfarrando el dinero, teniendo muchos romances, y drogándose con los productos de la farmacia virtual que tenían en su casa para las llamadas de urgencias, y a menudo compartía los fármacos con sus amantes.

Cuando encontraron a Hesper muerta en su casa, golpeada y con marcas de inyecciones en su brazo, arrestaron a Morgan y le acusaron de asesinato en primer grado. Todo el mundo sabía que tenía motivos, no había señales de que hubieran forzado ninguna entrada en la casa, las drogas y la jeringuilla, por supuesto, eran suyas, y dado que esa noche la pasó desplazándose de casa de un paciente a otro, no tenía coartada. Era inocente y se sentía muy ultrajado ante semejante acusación, puesto que se dedicaba a salvar vidas y no concebía que le consideraran capaz de hacer algo semejante. Hasta su propio abogado le consideraba culpable y se retiró del caso cuando Morgan se negó a aceptar un alegato de culpabilidad para rebajar la pena. Mientras estaba conduciendo su propia meticulosa investigación con la ayuda de sus amigos, Morgan descubrió varias pistas y hechos que la policía no había tenido en cuenta y se las arregló para conseguir la libertad demostrando la verdadera identidad del asesino: un amante casado de Hesper a quien ella había amenazado con descubrirle cuando éste intentaba terminar con su aventura.

Jill parecía divertirse mientras hablábamos después de la regresión.

—He de admitir —me dijo ocultando una sonrisa— que me parece que sería algo que haría en esas circunstancias.

—¿Podrías considerar la posibilidad de que es algo que hiciste realmente? —le pregunté.

Se encogió un poco de hombros, sin rechazar la idea, pero todavía algo escéptica.

—Lo cual explicaría de dónde viene tu tema de «justicia». Según la memoria celular, indicaría un gran talento para resolver misterios, que te has traído de esa vida. De ti depende si quieres hacer algo con ese talento o no. Pero has venido a mí a preguntarme sobre tu carrera, y ahora ya tienes mi opinión, y también la tuya, de que al menos vale la pena considerar alguna forma de hacer cumplir la ley.

Pasaron algo más de cuatro años antes de que volviera a tener noticias de Jill. Pensaba en ella de tanto en tanto y me preguntaba qué habría sido de su vida, y aunque no tenía dudas de la validez de mi lectura y de su regresión, no estaba muy segura de que no lo hubiera dejado correr y hubiera considerado toda la experiencia como una tontería. De modo que fue una sorpresa especialmente agradable recibir una nota inesperada de agradecimiento de ella, con una tarjeta de visita adjunta con su nombre y debajo del mismo «Investigadora privada». Según su nota no ganaba tanto dinero como cuando era ejecutiva en la empresa de marketing, pero nunca había sido tan feliz ni se había sentido tan útil, y además acababa de añadir a su lista de clientes a una prestigiosa firma de abogados. No podía estar más de acuerdo con la conclusión de su nota: «Me despierto cada mañana con ganas de emprender un nuevo día. *Esto* es tener éxito».

SETH

• *La enfermedad de su hija*

Seth era un padre de treinta y tres años, con una preciosa hija de cuatro años que se llamaba Ashley Rose. Había trabajado como mecánico en el taller de reparación de coches de su padre desde el día en que se graduó en el instituto, que fue el mismo día en que se casó con su querida novia de toda la vida, Janice, y madre de Ashley Rose. Seth y Janice, que era peluquera, trabajaban mucho, llevaban una vida sencilla y ansiaban tener un hijo. Ashley Rose nació en su octavo aniversario de boda, y no había dos personas que se sintieran más bendecidas o que amaran más a su bebé que ellas. No había ningún indicio ni razón genética para poder prever que, a los tres años, Ashley Rose caería gravemente enferma de una extraña patología de riñón. Era una niña fuerte y luchaba contra su enfermedad con todas sus fuerzas, pero al final era evidente que un trasplante era lo único que podría salvarla.

—Necesito saber si vamos a encontrar un donante y si mi pequeña se pondrá bien —me dijo—. Por favor, no me des falsas esperanzas, lo último que necesito es un mensaje prefabricado con buenas noticias. Por eso he acudido a ti. Te he visto actuar en televisión, y no te has echado atrás cuando has tenido que dar malas noticias. Lo que necesito ahora es que me digan la verdad.

—Encontraréis un donante, Seth. Aproximadamente en

unos cuatro meses. Por extraño que parezca, del mismo hospital donde está ingresada tu hija ahora. Las primeras pruebas de compatibilidad que hagan no darán resultados concluyentes. Haz que las repitan. La segunda vez darán positivo y el trasplante será un éxito. Tu hija se pondrá bien.

—Hablas en serio, ¿verdad? —me dijo tras haberme estudiado.

—Sí, por supuesto —respondí—. De hecho, es una promesa. Ella saldrá de esto sin ningún problema. Francamente, estoy más preocupada por ti que por ella.

—¡Oh, no! No me digas que me pasa algo —dijo lamentándose.

—No físicamente. Físicamente estás bien, pero en el plano emocional esto es mucho más duro para ti de lo que aparentas.

—Es duro para mí, es duro para mi esposa, es duro para todos nosotros —me respondió más a la defensiva de lo que en realidad pretendía—. ¿Cómo podría ser de otro modo?

—No quiero hablar de los demás, quiero hablar de ti.

Mantuve mi tono de voz calmado y categórico. Él no se iba abrir a esto con facilidad y yo no quería entristecerle más de lo que estaba.

—¿Por qué no me cuentas lo que pasó ayer?

Se quedó alucinado.

—¿Cómo sabes lo de ayer?

—Soy vidente. —Sonreí, y él me devolvió la sonrisa un poco antes de que yo prosiguiera—. Huiste del hospital. ¿Quieres que te lo cuente yo o prefieres decírmelo tú?

Intentó restarle importancia con un contuncente «Odio los hospitales».

—Todo el mundo odia los hospitales —respondí—. Pero no todas las personas tienen ataques de pánico cuando se encuentran en uno.

Miró hacia otro lado y se pasó la mano por el pelo, dando muestras de agotamiento.

—No lo entiendo. No tiene sentido. No puedo recordar el número de horas que he estado en distintos hospitales con Ashley este último año, y tenía miedo por ella. Ha sido una pesadilla, pero me salí bien. Pero ayer, Janice estaba con Ashley Rose en su habitación y yo me dirigía hacia el vestíbulo para tomar un café, cuando oí a dos enfermeras que estaban hablando. Una de ellas dijo: «No creo que lo consiga», y la otra respondió: «Yo tampoco lo creo». Eso es todo. Eso fue lo único que necesité. Ni siquiera sé si estaban hablando de mi hija. Pero, de pronto, me quedé helado. No pude dar ni un paso más. Empecé a sentir un sudor frío, me mareé, empecé a temblar, me pitaban los oídos, tenía la sensación de que mis piernas eran de corcho y estaba seguro de que me iba a desmayar. Puedes pensar que un hospital es el lugar más adecuado para desmayarse, pero mi esposa ya tenía bastante. No podía asustarla de ese modo, por eso me di la vuelta y salí de allí lo más deprisa que pude y me senté en el coche durante dos horas, hasta que me sentí lo bastante fuerte para regresar a la habitación de Ashley y hacer ver que estaba relativamente normal.

Le pregunté si le había dicho algo a su mujer.

Movió la cabeza negativamente.

—No se lo he dicho a nadie. Me siento demasiado avergonzado de mí mismo.

—¿Por qué? No planeaste el ataque de pánico. Es evidente que te dejaste vencer por él.

—Presa de pánico o no, mi hija está muy enferma, mi esposa está tan agotada como yo. Podía haber pasado cualquier cosa en esas dos horas, ¿y dónde estaba yo? Escondido en mi coche, temblando y respirando agitadamente como un maldito cobarde. Nunca había pensado que pudiera ser tan débil. Es un sentimiento horrible.

—No eres débil, Seth —le aseguré—. Los ataques de pánico no suelen venir porque sí. Algo lo provocó, puedes estar seguro.

—¿Puedes decirme qué fue?

—Tendrá mucho más efecto si eres tú quien me lo dices. ¿Quieres probar?

Estaba más que dispuesto a abrirse a cualquier cosa que pudiera ayudarle. Mientras empezaba el proceso de hipnosis y observaba con qué facilidad entraba en «trance», pensé por milésima vez lo maravillosa que es la mente humana. A menudo, cuanta más preocupación y sufrimiento hay, más receptiva está la persona a hallar un sentido a su dolor e iniciar la sanación. También pensé en lo vulnerable que es la mente, y lo despreciable que es por parte de los terapeutas e hipnoterapeutas conducir a alguien que está buscando ayuda e información útil a conclusiones que nada tienen que ver con la verdad. Todos hemos visto, oído y leído sobre personas que bajo hipnosis «recuerdan» todo lo que han vivido, desde abusos cuando eran pequeñas hasta uno de los progenitores cometiendo un asesinato. Algunos recuerdos son reales, pero muchas veces también son el fruto del afán de éxito del hipnoterapeuta a costa del cliente. Generalmente podremos discernirlo por las preguntas y comentarios del hipnoterapeuta, no por los del paciente. Esta es la razón por la que siempre doy a mis clientes la grabación de la sesión, para que ellos, y cualquiera otra persona, puedan escucharla y comprobar que soy una facilitadora, no el origen de cualquier recuerdo que se autorrevele.

Seth y yo empezamos a retroceder lentamente a través de su vida actual, más allá de sus recuerdos conscientes, hasta llegar a su infancia; nos acercábamos a su nacimiento como puerta hacia su anterior vida, hasta que se detuvo a la edad de dieciocho meses. Recuerda haber estado muy enfermo y muy débil, con ataques frecuentes que se cebaban en su diminuto corazón; estuvo en la sección infantil del hospital, rodeado de máquinas y de personas extrañas con mascarillas blancas en la boca. Sus padres pasaban mucho tiempo allí, pero un día cuando se marcharon recuerda a dos enfermeras al lado de su cuna. La enfermera que le estaba cambiando el pañal dijo: «Pobre criaturita, espero que se ponga bien», y la enfermera que estaba mirando su historial dijo: «Por lo que he oído, no tiene muchas esperanzas de vida». Recuerda el terror y la impotencia que sintió al oír eso, estirado allí e incapaz de moverse o de hablar, herido porque alguien hubiera dicho algo semejante delante de él, como si ya hubiera dejado de existir. A medida que avanzaban los días, su terror se convertía en ira, y decidió sobrevivir, y gracias a un cambio de medicación, al cabo de una semana pudo irse a casa tras haber hecho grandes progresos.

Seth estaba impresionado por la claridad del recuerdo cuando hablamos del mismo después de la regresión. Sabía por sus padres que había sido hospitalizado por ataques cuando era un bebé, pero no tenía ni idea de cuál era la causa y, por supuesto, no tenía recuerdo consciente de dicha experiencia.

—Tenías una fuerte alergia a la lactosa —le expliqué—. Pregúntale a tus padres, ellos te lo confirmarán. Gracias a Dios alguien fue lo bastante diligente como para averiguarlo. Observa el paralelismo entre lo que dijo esa enfermera al lado de tu cuna en el hospital y la conversación que oíste ayer en el vestíbulo. Ya tenías miedo y eras vulnerable debido a la situación de tu hija, y te encontrabas de nuevo en un hospital, y bastó ese detonante para devolverte al pasado, cuando sentiste aquel terrible pánico por tu vida, pero que no has podido expresar hasta veintiocho años y medio después.

—Quizá proyecté ese miedo en Ashley Rose y mi pánico a perderla —añadió.

—Hay otro aspecto de esta experiencia y espero que le prestes atención, Seth.

Me preguntó de qué se trataba.

—Cuando no eras más que un bebé, rompiste con todos los pronósticos y luchaste contra una alergia a la que muchos bebés no sobreviven, incluso cuando parecía que algunas de las personas que estaban a tu cuidado iban a tirar la toalla. Eso no es propio de una persona débil, del despreciable cobarde que decías ser cuando llegaste aquí.

Le hice sonreír, incluso hasta emitió una risa apagada cuando me dijo:

—Eso es cierto.

Cuando unos minutos más tarde abandonó mi despacho, me hizo tres promesas: comunicarme la causa de sus hospitalizaciones a los dieciocho meses, que advirtiera al personal del hospital de no hacer ningún comentario negativo que pudiera oír Ashley Rose, y que me mantuviera al corriente de su estado y de su búsqueda de donante de riñón.

La primera promesa la cumplió cuando me dio la noticia de que la causa de sus ingresos en el hospital había sido una alergia a la lactosa.

La número dos le llevó a explicar su regresión a los médicos y enfermeras de Ashley Rose. Curiosamente algunos de ellos empezaron a animar y apoyar a Ashley Rose y a otros niños gravemente enfermos de la sección de pediatría; incluso cuando éstos dormían, hablaban de sus mejorías como si fueran «extraordinarias».

Y por último estaba la tercera promesa. Me encontraba en San Luis, en medio de una gira de conferencias, cuando me llamaron de mi despacho con un mensaje de Seth con carácter «urgente». Pude notar la emoción en su voz nada más descolgar el teléfono.

—¿Sabes qué...? Estabas equivocada —me dijo, con demasiada alegría como para que yo me preocupara.

—A veces pasa —respondí—. Cualquier vidente que te

diga lo contrario, miente. ¿En qué me equivoqué exactamente?

—Me dijiste que en cuatro meses encontraríamos a un donante de riñón para Ashley Rose. Sólo han sido tres.

La operación había sido un rotundo éxito y su hija había sido declarada «fuera de peligro».

A veces realmente me fastidia cuando me equivoco. Esa ha sido una de esas veces.

CARRIE

• *Su embarazo*

Todas las lecturas y regresiones me fascinan. Cada una es diferente, cada una tiene su propia historia de vida, cada una de ellas importa, cada una posee un potencial ilimitado de descubrimientos, cada una expande mi conocimiento del mismo modo que espero que suceda con mi cliente, y cada una de ellas ofrece tan pocos o tantos resultados como el cliente desee. Y luego, de vez en cuando, tengo la bendición de otro recordatorio, y es que no hay límite de edad para el asombro.

Carrie estaba rondando los treinta, tenía una larga melena lisa de pelo rubio, que yo sabía que toda la vida le habían envidiado. Su matrimonio era feliz, estaba embarazada de siete meses y resplandecía con la vida que llevaba dentro.

—Antes de empezar —me dijo mientras se sentaba— he de preguntarte si te resulto familiar.

Es una de las preguntas que menos me gustan. Para empezar, no soy muy buena con los nombres y las caras, y la vida no me demuestra que vaya a mejorar en eso.

—Lo siento, pero no —le respondí—. ¿Por qué?

—La primera vez que te vi en televisión, me eché a llorar y me ha venido sucediendo esto desde entonces.

—Sé que provoco muchas reacciones diferentes en las personas —le dije—, pero echarse a llorar es nuevo para mí. ¿Es por algo que dije?

Movió la cabeza negativamente.

—Empezó antes de que dijeras una palabra. Fue como encontrarme con una vieja amiga, como una ola de familiaridad que te viene de ninguna parte, aunque estoy segura de que no nos conocíamos. Quizá te reconozca de otra vida o algo parecido. Llamé a tu consulta el primer día que te vi, y llevo casi dos años esperando esta lectura psíquica.

Por cierto, odio la magnitud de mi lista de espera y me gustaría saber qué puedo hacer al respecto.

De todos modos, pronto dejamos a un lado su reconocimiento instantáneo de mi persona como uno de los pequeños misterios de la vida y procedimos con su lectura. Este era su primer embarazo, y aunque había sido casi una fanática de cuidar su salud y tener en cuenta los consejos prenatales, estaba ansiosa por que le aseguraran que el parto iba a ser normal y que el bebé nacería bien.

—¿Qué te parecen 4 kilos 137 gramos? —le dije sonriendo—. ¿Te parece bastante saludable?

Sonrió abiertamente y dio un suspiro de alivio en broma.

—¿Ya sabes su sexo, verdad? —le pregunté.

Asintió con la cabeza.

—¿Y tú?

—Es una niña —respondí.

—Eso espero —me dijo— o habré malgastado mucho tiempo bordando el nombre «Rebeca» en cualquier cosa que cae en mis manos. Le pondremos el nombre de mi madre.

—¿Era alta, rubia, muy esbelta, con piernas largas, con cuerpo de modelo, llevaba el pelo recogido con una cola de caballo, tenía una postura perfecta y se reía mucho? —le pregunté.

—¿Por qué?

—Porque está justo a tu lado y está entusiasmada con este embarazo.

—Puedo confirmar todo lo que has dicho salvo lo de su risa —me dijo—. Murió cuando yo tenía cuatro años. Tengo un montón de fotos de ella, pero no recuerdo su risa. —Hizo una pausa y añadió—: Supongo que eso es mucho esperar...

—¿Que regrese encarnada en tu hija? No, Carrie, no es ella. Pero estará cerca, puedes contar con ello. Observa a tu bebé cuando empiece a mirar algo que tú no ves, a balbucear sin motivo aparente, o hable con lo que a ti te parece que no es más que aire. Tu bebé verá a su abuela con la misma claridad que yo te veo a ti.

—Daría cualquier cosa por recordar a mi madre —dijo Carrie, tanto para sus adentros como para mí—. Según parece, era una mujer increíble, y mi familia me ha explicado todo tipo de historias fabulosas, pero me encantaría tener aunque sólo fuera un recuerdo propio para poder compartirlo con mi hija que llevará el nombre de su abuela.

No se me ocurría una razón mejor para una regresión, y Carrie estaba entusiasmada ante esta oportunidad de sentir a su madre directamente. A los pocos minutos estaba en su hogar de la infancia en Ohio, en su dormitorio amarillo, estirada en su cama, rodeada de sus peluches. Era la noche de su cuarto cumpleaños, y Carrie sostenía su regalo favorito: un caniche de color azul, de tamaño natural y tocado con una boina. Su madre estaba sentada a su lado con un pijama de satín color verde botella, pelo largo y liso, y Carrie podía sentirlo ligeramente acariciando su mejilla cuando su madre se inclinaba para taparla mejor.

—¿Te está diciendo algo? —le pregunté.

—Está cantando —respondió; luego escuchó, sonrió y añadió—: Lo hace mal, tiene esa voz suave y tenue, pero es incapaz de cantar afinando. Pero a ella no le importa, ni a mí tampoco.

—¿Puedes oír lo que está cantando?

—No muy bien, pero suena un poco a… —se quedó de nuevo absorta, como escuchando y sonrió—. Creo que es una canción de los Beattles.

—Tiene buen gusto.

—*Octopus's Garden*. Las dos nos reímos. Entre los miles de canciones de los Beatles y tuvo que escoger *Octopus's Garden* como canción de cuna. A mí también me daba pena no haberla conocido.

De pronto Carrie hizo una rápida y corta respiración y anunció: —Espera, acabo de recordar algo más. Solía tener este sueño cuando era pequeña. Creo que fue después de que mi madre se pusiera enferma. Pero no me parecía un sueño, era más bien como si volara y visitara a otras personas durante la noche.

Sabía que era eso exactamente lo que estaba haciendo y le pregunté:

—Si digo las palabras «viaje astral», ¿tienen algún sentido para ti?

—Sí, sí lo tienen —respondió—. Recuerdo que mi espíritu daba pequeños pasos corriendo y luego daba un salto para propulsarse, como si fuera una especie de Superman cuando se lanzaba a volar. Ni siquiera recuerdo mirar hacia abajo para ver mi cuerpo estirado en la cama, pero sí recuerdo que me encantaba volar por encima de la Tierra y ver las copas de los árboles debajo de mí. Había una persona a la que visitaba que era mi favorita. Ella me esperaba al lado de esta cascada en medio de un hermoso jardín. Era alta y fuerte, con ojos de sabiduría y compasión y grandes pechos. Por más triste que estuviera, siempre me hacía reír y me decía: «Conmigo estás segura», y me sentía segura allí. Debía ser alguna amiga imaginaria, o algo parecido, y creo que la veía mucho, porque en cuanto me despertaba iba corriendo a mi madre y se lo contaba: «Esta noche he vuelto a volar al lado de Bun».

No estaba segura de haberle entendido bien.

—¿Has visto a quién?

—A Bun —repitió—. No estoy segura de dónde había salido ese nombre, sólo sabía que la llamaba de ese modo.

Fue uno de esos raros momentos en los que me quedé sin habla. Bun no es precisamente un nombre muy común, y resulta que es justamente mi apodo en El Otro Lado. No lo hubiera tenido en cuenta y lo hubiera clasificado de coincidencia, si creyera en eso y si ella no hubiera sentido esa reacción inmediata de familiaridad conmigo la primera vez que me vio. Opté por creer que a lo largo de mi vida mi espíritu ha utilizado mis horas de sueño para viajar a la cascada de El Otro Lado y encontrarse con espíritus de niños y de algunos de mis futuros clientes y, aunque sólo sea por unos momentos en la oscura noche, hacer que se sientan seguros.

La hija de Carrie nació dos meses más tarde, pesando 4 kilos 193 gramos. Me volví a equivocar por 56 gramos. Realmente espero que al bebé le guste *Octopus's Garden*, porque tengo el presentimiento de que va a escucharlo cada noche como canción de cuna, durante muchos años.

JANE

• *Problemas conyugales*

En casi todas mis lecturas y con todos mis clientes aprendo algo, y mi hora con Jane no fue una excepción. Todos hemos conocido a alguna persona con la que, desde el primer momento que la ves, se produce un rechazo mutuo y sencillamente os molestáis la una a la otra sin tan siquiera hacer nada; sobre todo si la vida os ha puesto en una situación en la que no podéis evitaros. Cada vez que pienso en esas personas, recuerdo a Jane.

Jane y su esposo Ryan llevaban sólo cuatro años casados y ya se habían separado. Los dos eran agradables, gente trabajadora y se amaban. El problema aparentemente infranqueable que había sido la causa de su separación era tan típico que Jane hasta sonrió disculpándose cuando me explicó su caso: su suegra, Saundra, se había vuelto tan entrometida e inaguantable que Jane acabó marchándose de casa, y tenía la esperanza de que yo pudiera asegurarle de alguna manera que Saundra iba a tener una vida propia, o mejor aún, a esfumarse en el aire.

—Sé que suena ridículo que alguien haya podido tocarme tanto la fibra como para dejar a mi marido —admitió ella—. Pero no puedo aguantar ni un minuto más. Ryan no es más que un niño. Siempre ha estado muy apegado a su madre. Ella se quedó viuda cuando Ryan y yo todavía salíamos juntos, y como a los dos nos daba pena, empezamos a invitarla a cenar con nosotros una o dos veces a la semana. Lo siguiente que recuerdo es que de pronto los tres éramos prácticamente inseparables. Pensé que sería una buena idea que me ayudara a planificar nuestra boda. ¿Quién iba a suponer que acabaría organizándolo todo ella? Eligió la iglesia, el párroco, los colores, los trajes de las damas de honor, la música, el menú, la orquesta para la recepción. Incluso cambió a mis espaldas el color de las limusinas que yo había escogido para la fiesta y las pidió de color blanco porque decía que las limusinas negras eran deprimentes.

La interrumpí, sabiendo adónde iba a llegar.

—Déjame adivinarlo: y si te quejabas, Ryan te acusaba de ser desagradecida cuando su madre se estaba tomando tantas molestias.

Ella asintió con la cabeza.

—¡Por favor, no me digas que fue con vosotros en la luna de miel!

—¡Oh, no! —me dijo— eso habría sido demasiado fácil. En su lugar, decidió tener unos inexplicables dolores en el pecho y hacerse un chequeo de tres días en el hospital durante nuestra luna de miel, con lo que inmediatamente regresamos a casa.

—¿Acidez de estómago? —le pregunté, conociendo de antemano la respuesta—.

—Acidez de estómago —confirmó.

Eso no fue más que el comienzo. Ryan, preocupado por la salud de su madre y al no querer dejarla sola, buscó un apartamento para ella a dos bloques de su nueva casa, y le dio una llave de ésta, que era todo el permiso que Saundra necesitaba para hacer suya la casa de su hijo. Su presencia era constante, entraba siempre que le parecía, jamás se molestaba en llamar a la puerta, mucho menos en llamar por teléfono, y se hizo dueña y señora de la casa, todo bajo la excusa de «ayudar». Lo reorganizó todo, desde los muebles hasta los armarios de la cocina y los cajones del vestidor de Jane. Siempre los «sorprendía» con algo, como enmoquetar de nuevo la casa sin necesidad alguna, con un color que Jane odiaba, mientras ellos estaban fuera un par de días por viaje de negocios. Hasta contrató a una asistenta con la excusa de que Jane «no tenía mano para la limpieza», y luego la criticaba en privado con su hijo por no cuidar bien de la casa. A pesar de todo, era inevitablemente dulce con Jane, pero sólo cuando Ryan estaba delante. Cuando su hijo se daba la vuelta, Saundra solía ser sarcástica, cruel y poco condescendiente con Jane, y se apuntaba rápidamente cualquier cosa que ésta pudiera decir de Ryan, repitiéndola luego con lágrimas inocentes de persona herida, que invariablemente conducían a una discusión entre Ryan y Jane.

—Él no hace más que decir: «Ella lo ha hecho todo por nosotros, nos quiere mucho, y lo único que obtiene de ti es resentimiento. Sea cual sea tu problema, soluciónalo». Al final llegué a la conclusión de que la única forma en que podía solucionarlo era marchándome. Pero realmente quiero a mi marido, y creo que si sólo estuviéramos los dos, nuestro matrimonio sería perfecto. Espero que puedas decirme si alguna vez tendremos esa oportunidad, o si debo abandonar y seguir adelante.

—Ni que decir tiene que ella no te aprecia, sabe muy bien lo que está haciendo y, en lo que a ella respecta, el día que te marchaste de tu casa fue el día de su triunfo —le afirmé—. Pero tampoco es la típica suegra que no quiere soltar a su hijo. Es algo muy personal entre tú y ella. Saundra y tú tenéis una fascinante historia juntas.

—¿Como qué? ¿Que la maté en una vida pasada y ahora en esta vida está intentando vengarse? O mejor aún, ¿me hizo algo horrible en otra vida y en esta vida me vengo matándola?

Estaba bromeando, pero no iba tan desencaminada, y nos reímos un poco juntas antes de responderle:

—Si te lo digo, nunca me creerás. ¿Por qué no hacemos una regresión y lo ves por ti misma?

Aceptó de buen grado y enseguida empezó a retroceder a lo largo de su vida, primero la etapa adulta, su extraña adolescencia como joven malcriada, luego su infancia, y por último el útero, al que estaba tan aferrada que los médicos tuvieron que inducir el parto para que saliera, puesto que ya se pasaba cinco días de la cuenta. Entonces le dije que fuera al punto de entrada donde esa guerra de nervios entre Saundra y ella se había declarado por primera vez. Hubo un largo silencio seguido de una expresión de confusión.

—Estoy viendo a las dos, a Saundra y a mí —anunció.

Le pregunté qué estaban haciendo.

—Nos estamos riendo. Nos caemos bien. De hecho, somos buenas amigas.

Incluso hipnotizada sonaba un tanto incrédula al respecto.

—Estamos trabajando juntas cuidando animales. No están en jaulas ni nada por el estilo, sino en libertad, en este verde valle, con montañas alrededor. El aire es fresco y el cielo es del color del atardecer. No puedo describir lo hermoso que es.

—¿Sabes qué año es? —le pregunté.

Reflexionó un momento y se preguntó:

—¿Año? No hay año. No hay tiempo. Sólo presente.

Eso sólo podía describir un lugar.

—¿Dónde estás, Jane?

—Estoy en Casa —respondió—. En El Otro Lado —su voz reflejaba sorpresa.

—Así que en El Otro Lado, Saundra y tú sois amigas.

Asintió con la cabeza.

—Estamos hablando y haciendo planes.

—¿Respecto a qué? ¿Puedes oír la conversación?

—Hemos decidido que queremos pasar otra vida en la Tierra. Ambas sentimos que hay algo que debemos trabajar, y nos entendemos tan bien mutuamente que vamos a planificar nuestras vidas de modo tal que no nos lo pongamos demasiado fácil la una a la otra, o que huyamos antes de haber aprendido lo que tenemos que aprender.

—¿Y qué es lo que tenéis que aprender aquí?

Empezó a reír. Su risa era contagiosa, y yo también me reí momentáneamente sin saber por qué.

Al final sacó la palabra que era el tema de su vida y la lección que Saundra y ella habían acordado aprender ayudándose mutuamente antes de venir aquí: «Tolerancia».

Volvimos a reírnos después de su regresión.

—Tolerancia, repitió. Es decir que en realidad le pedí a Saundra que me hiciera la vida imposible para ver si podía soportarlo. Bueno, ha estado haciendo un gran trabajo, he de reconocerlo. ¡Pobre Ryan! —añadió tras una pausa.

—¿Por qué pobre Ryan? —le pregunté.

—Es una especie de víctima inconsciente en todo esto, ¿no es así? No es más que ese maravilloso hombre que nosotras solíamos traer a nuestras vidas.

—¿Y sabes por qué es tan maravilloso? —le pregunté—. Si fuera un idiota, probablemente te habrías marchado hace años, y a Saundra tampoco le costaría tanto dejarle.

Cuando ya se estaba acabando nuestro tiempo, Jane había decidido volver con su marido y hacer que su vida juntos funcionara.

—Para empezar —me dijo— ¿cuántas veces en mi vida voy a tener la oportunidad de casarme con un gran chico?

—No te contradigo, Jane, pero he de advertirte que Saundra no se irá a ninguna parte. De hecho, va a seguir viviendo y con buena salud durante otros treinta y dos años. ¿Estás segura de que podrás con ella?

—¿Como mi suegra? Por supuesto que no. Pero ¿como una vieja amiga con la que hice un pacto? Intentaré hallar una fórmula.

Jane volvió con Ryan. Saundra sigue siendo inaguantable, y cada vez que Jane piensa que no lo puede soportar más y que va a estallar, recuerda su encuentro en El Otro Lado con su amiga, planificando todo esto cuidadosamente, se ríe y le da un abrazo a Saundra.

—Eso actúa en dos planos —le dije cuando me llamó para explicarme cómo le iba al cabo de algunos meses—, espiritualmente es algo maravilloso lo que estás haciendo, pero desde un punto de vista meramente humano, la debe estar volviendo loca.

Trató de disimular su risa, pero aun así la pude notar.

—Sylvia, tú oíste el acuerdo al mismo tiempo que yo. No estoy aquí sólo para aprender tolerancia de ella, sino también para enseñarle. ¿Qué clase de amiga sería si no le diera motivos para tolerar algo?

Como he dicho, cuando pienso en Jane, todavía lo hago con una sonrisa en los labios.

MATTHEW

Cuatro años
• *Depresión crónica*

Por último tenemos a Matthew, que fue un perfecto ejemplo de memoria celular y de vida actual positiva que surgieron ambas en la misma regresión. Matthew tenía cuatro años y era uno de los niños más espléndidos que he visto nunca. Era ciego de nacimiento, y aunque sus padres estaban dispuestos a remover el cielo y la tierra para ayudarle, por medio de terapeutas, médicos y preparación preescolar, él no parecía adaptarse bien a todo ello. No estaba enfadado, sólo estaba triste, era introvertido y demasiado callado para un niño sano de su edad. Uno de sus profesores de preescolar conocía mi trabajo y me recomendó a la madre de Matthew, Grace, que padecía por su hijo y estaba abierta a cualquier sugerencia con tal de que éste fuera feliz.

A Matthew no le costó demasiado sentirse cómodo conmigo. En el momento en que le saludé, es como si algo se le encendiera y dijo:

—Te he oído en la televisión. Eres divertida. —Los niños siempre me dicen lo mismo, especialmente mis nietos Willy y Jeffrey.

«Comicovidenta, estupendo, sigue haciéndoles reír, ¿de acuerdo?»

No es una queja, creedme. No sólo no puedo imaginar

esta vida sin sentido del humor, sino que no hay nada que haga que los niños se sientan cómodos más rápido, y Matthew no era una excepción. De hecho, cuando Grace sugirió que quizá él se abriría más si ella se quedaba en la habitación, Matthew dijo en voz alta, antes de que yo educadamente la hiciera salir: «Estaremos bien, mamá».

Cuando nos quedamos solos, descubrí que Matthew era callado, pero también dulce, inteligente y dispuesto a complacer. Le hablé un poco de la hipnosis, de lo que íbamos a hacer, y que yo quería que él me lo contara todo acerca de sí mismo para que pudiéramos ser amigos. Al igual que mi nieta Angelia a esa misma edad, no sabía pronunciar la letra «r» y me la recordó mucho cuando me respondió: «All wight [guait]», en vez de «all right» [rait] [muy bien].

Al igual que la mayoría de los niños era maravilloso, un ser muy abierto, inocente y sin miedo, y a los pocos minutos su respiración era profunda y regular, se sentía muy bien.

—¿Quién eras antes? —le pregunté.

Es una pregunta a la que los niños responden muy rápido, con o sin hipnosis, porque sus vidas pasadas todavía son tan recientes y les resultan tan familiares como sus vidas actuales.

—Un hombre alto con el pelo oscuro —me dijo—. Compongo música.

—¡Qué maravilla! ¿Cómo lo haces, Matthew?

—Hay muchas personas que se sientan delante de mí con instrumentos de viento, tambores y otras cosas, y yo les digo cuándo tienen que tocar y cuándo tienen que parar.

—¿Eras director de orquesta?

—Sí, era director de orquesta. Hacía esto. —Empezó a mover las manos en el aire. Este niño de cuatro años, ciego de nacimiento, conocía exactamente los gestos que hacía un director de orquesta.

—Debes saber mucha música para ser director —le dije.

—Así es, soy muy bueno —me comentó con el encanto del candor infantil. Puedo escribirla (de nuevo, al igual que mi nieta Angelia, pronunció la palabra sin la «r».) Y puedo interpretarla en el piano. Me gusta la música.

—¿Te sigue gustando la música, Matthew? —le pregunté.

—Eso creo. Pero ahora ya no puedo tocar.

—Seguro que puedes —le dije—. Lo único que sucede es que has olvidado cómo hacerlo. Un profesor te ayudaría a recordarlo.

—No, quiero decir que no puedo.

—¿Por qué no?

—Porque soy ciego. —La tristeza de su voz era descorazonadora.

—¿Quién te ha dicho que ser ciego significa que no puedes ser músico, Matthew?

—Mamá. Me dice que hay muchas cosas que hacen los otros niños que yo no puedo hacer.

Me senté a su lado y le rodeé con mis brazos. Se acurrucó entre ellos.

—¿Sabes qué?

—¿Qué? —me preguntó.

—Tu mamá está equivocada —le insistí.

—¿Me ha mentido?

—No, Matthew, no te ha mentido, tan sólo está equivocada. De vez en cuando, las mamás, aunque no queramos hacerlo, decimos algo y estamos equivocadas. Yo recuerdo que me equivoqué una vez, cuando tenía tu edad.

Se rió.

—A ver, ¿qué te parece si yo hablara con ella?

—Quizá harías que se sintiera mejor —me dijo.

—¿Está enferma?

—Está triste, y mi padre también. Siempre lo están.

—¿Por qué?

—Por mí.

Sí, sin duda iba a hablar con su madre. Le tuve en mis brazos durante algunos minutos, acariciando su cabello, y le dije que unas veces nuestros espíritus recuerdan cosas que nos ayudan, y otras veces recuerdan cosas que nos hacen sufrir, y que, a partir de entonces, él sólo iba a recordar cosas que le ayudaran, como la música que tanto le gustaba. Dios se llevaría las cosas que le hacían sufrir, y le rodearía con su luz de amor para que desaparecieran y nunca más volvieran a hacerle daño.

Al final le dejé en las profesionales manos de mi personal, que prácticamente estaban haciendo cola para conocerle y entretenerle, mientras yo pasaba algún tiempo con Grace en mi despacho. Le expliqué que Matthew creía que era un niño inútil, con todo tipo de limitaciones que otros niños no tenían, y que ella y su esposo estaban siempre tristes por su causa.

—Yo también estaría bastante deprimida si creyera que así era mi mundo —le dije.

Se puso a llorar.

—Sylvia, nosotros adoramos a nuestro hijo. Daríamos nuestras vidas sin dudarlo por él.

—Lo sé —le dije.

—He de admitir que quizá nos sentimos muy agobiados económica y emocionalmente. Pero él lo merece. Por duro que resulte, nos hemos dedicado por completo a la ceguera de Matthew.

He visto miles de veces a clientes pasar por esto. Es una trampa en la que es fácil caer.

—Quizá ese sea el problema —le sugerí—. Quizá si os dedicarais por completo a vuestro brillante, hermoso y sensible hijo, os resultaría a todos más fácil. Puedes incluso empezar a hacerle bromas, y creo que verás un gran cambio en él si siente que vive con dos personas que disfrutan plenamente de su compañía.

Me escuchaba, tratando de asimilarlo todo, y mientras tuve su atención, pensé que no perdía nada si la presionaba un poco.

—Ahora, Grace, ¿qué es eso de decirle que hay cosas que él no puede hacer y que los demás niños sí pueden? ¿Por qué le pones limitaciones de esta manera?

—Sinceramente, no sé de dónde ha sacado eso, Sylvia —me aseguró—. Me las he ingeniado de muchas formas para no decir nunca algo parecido ni delante de él ni a nadie de su entorno. Ni siquiera recuerdo haberlo insinuado. El médico de Matthew y yo hablamos del tema cuando me dijo que su ceguera parecía irreversible. Mi primera reacción fue de frustración e ira, y qué injusto era que este inocente bebé no pudiera vivir una vida normal. Entonces su médico nos dio una charla sobre la importancia del refuerzo positivo, y no he dicho ni se me ha escapado una sola palabra negativa desde entonces.

—¿Dónde estaba Matthew cuando tuvisteis la reunión? —le pregunté.

—Estaba conmigo —respondió—. Pero tenía sólo siete meses.

—En esta vida sólo tenía siete meses, pero en su interior hay un espíritu que es tan viejo y sabio como el resto de nosotros. Es sorprendente cuánto entienden y recuerdan.

Se quedó en silencio durante algunos momentos. Al final, con una actitud abierta, aunque no del todo convencida, preguntó un tanto insegura:

—¿Qué hago ahora?

—Sencillamente disculparte y decirle que te has dado cuenta de lo equivocada que estabas. Él también lo comprenderá. Y luego, si yo estuviera en tu lugar, le conseguiría un piano.

—¿Un piano? ¿Por qué?

—Porque creo que le gustará. Considéralo una corazonada por el momento, y si funciona, te lo explicaré.

—No tenemos bastante dinero para comprar un piano —me dijo—. Aunque mi hermana tiene uno que quizá nos lo alquilaría durante un tiempo.

—Estupendo, pregúntaselo —le dije—. Deja que se explaye con él durante unos meses y luego llámame para ver qué sucede.

A los ocho meses recibí una nota de agradecimiento de Grace con una foto de un Matthew resplandeciente con sus padres, posando al lado del piano. Me adjuntaron una cinta con una canción que él había escrito; todos los niños de su clase de preescolar la habían aprendido y la cantaron en la fiesta de fin de curso. Era una canción muy sencilla, que no creo que estuviera destinada a encabezar las listas de éxitos o a convertirse en un clásico, y la letra tampoco rimaba. Pero trataba de un niño feliz con unos padres muy felices que estaban orgullosos de él, y puede que sea la canción más dulce que he escuchado.

Habéis leído una historia tras otra sobre las experiencias de otras personas y del efecto de la memoria celular en su salud física y emocional, tanto positivo como negativo, de esta vida y de vidas anteriores, y de la liberación que sintieron al soltar esos recuerdos celulares que les estaban haciendo daño. Sin embargo, jamás consideraría que este libro estaría completo, a menos que actuara convencida de que lo que yo sé, vosotros también lo podéis saber. Es decir, no hay historia de memoria celular tan interesante o importante como la propia, y lo único que habéis de hacer es descubrirla.

QUINTA PARTE

Los secretos de tus propias vidas pasadas

EL VIAJE

Todos sabemos que el conocimiento es poder. De modo que es lógico que el autoconocimiento implique poder sobre uno mismo. Cuanto más sabemos acerca de nosotros mismos, más eficaces seremos y más cómodos nos sentiremos en nuestra piel. Comprender lo que nos motiva, lo que nos repele, lo que anhelamos, lo que hemos de evitar y *por qué* pensamos y sentimos como lo hacemos, puede suponer un cambio radical en nuestra salud física y emocional. Descubrir los recuerdos celulares que contienen la clave de ese cambio es la forma más rápida y eficaz de cambiar nuestras vidas para mejor, a partir de hoy mismo.

Espero que no hayas leído las historias de este libro sintiéndote excluido, como si viajar hacia atrás en el tiempo a los acontecimientos de esta vida o de otras anteriores requiriera una habilidad especial por parte de los clientes, o que estos clientes son seres especiales que tienen vidas pasadas a las que regresar.

Todas las personas de este libro son tan «ordinarias» y «extraordinarias» como tú, y te prometo que en este mismo momento tu historia eterna y compleja está esperando, en el interior de la mente de tu espíritu, a que la reconozcas, la liberes de su dolor y compartas su sabiduría.

Nunca he conocido a nadie entre las miles de regresiones que he hecho en el último cuarto de siglo, que no quisiera o no pudiera regresar al menos a una vida anterior. Esta es la razón por la que siempre repito que, si tienes la más mínima curiosidad respecto a tu pasado, *podrás hacerlo*. Es así de sencillo y de sorprendente.

Existen tres temores comunes que mis clientes expresan antes de una regresión, y en caso de que los compartas, voy a tranquilizarte para que puedas leer y utilizar este capítulo sin reservas.

- *No creo que yo pueda ser hipnotizado*. Todos los clientes con los que he trabajado, que ascienden a miles, han sido capaces de alcanzar el estado de «trance» en algún grado, desde un diez a un noventa por ciento. Y el éxito de una regresión no depende del grado en que eso se consiga. De hecho, como veréis más adelante en este mismo capítulo, aunque la hipnosis sea un gran medio para llegar a los recuerdos almacenados en la mente de nuestro espíritu y en nuestras células, también existen otros caminos para llegar a ellas, a través de la meditación o mediante tu habilidad natural para visualizar.

- *No sé visualizar*. Es realmente una lástima que algunas personas hayan hecho que la visualización pueda parecer una habilidad compleja, esotérica, que sólo se puede lograr sentado en la posición del loto con una bola de cristal y un turbante. La verdad es que todos visualizamos docenas de veces al día. Si no pudiéramos visualizar, jamás podríamos recordar a nuestros seres queridos, nuestra casa, nuestros animales domésticos, un árbol, el cielo o nuestro puesto de trabajo, a menos que lo estuviéramos mirando. No podríamos describir a una persona o cosa, y la única forma en que podríamos encontrar nuestro coche en un aparcamiento abarrotado sería esperar a que todos los demás coches se hubieran marchado, y con la esperanza de que tu llave encajara en alguno de los coches que todavía estuvieren allí. Visualizar no es nada más que dibujar algo, y cuando te ves propulsado hacia tu pasado, cuantos más detalles mejor.

• *¿Qué sucederá si descubro que era una persona monstruosa en una vida anterior?* En primer lugar, si realmente hubieras sido una mala persona, serías una entidad negra, y, como ya he explicado en la Primera parte, dichas entidades no pueden recordar sus vidas pasadas, ni tampoco les importa. De modo que el mero hecho de desvelar una vida pasada en la que fuiste un ser terrible elimina la posibilidad de que no tengas esperanza y que estés alejado del amor incondicional de Dios. En segundo lugar, puesto que estamos en la Tierra para aprender y crecer, está garantizado que cometeremos errores, y algunos de ellos podrán ser graves. Esta es mi vida número 54 en la Tierra. Ni que decir tiene que todas esas vidas no han sido dignas de medallas ni de cenas de homenaje. Al igual que vosotros, estoy segura de que he hecho algunas cosas bien, pero también he cometido mis grandes errores, en vidas anteriores y en ésta. Los errores de cualquiera de nuestras vidas sólo deben hacernos bajar la cabeza si nos negamos a reconocerlos, a hacer todo lo posible para rectificarlos, a prestar atención a las lecciones que nos pretenden enseñar y a exigirnos que no los volveremos a cometer. Y si en alguna otra vida hemos cometido actos que todavía no nos hemos perdonado y nuestra memoria celular sigue guardando el sentido de culpabilidad, qué forma de perder el tiempo sería vivir esta vida actual bajo la sombra de acciones pasadas, cuando el sol está dentro y es tan fácil de alcanzar.

Para demostrar lo accesibles que son las vidas pasadas y la liberación de la memoria celular, voy a compartir una carta que me llegó a mi consulta el día que empecé a escribir este libro. Era de un hombre llamado Harry, a quien su esposa, según sus propias palabras, le había «arrastrado» a asistir a una de mis charlas en Cleveland. Estaba cansado después de haber hecho un turno de diez horas en el trabajo, y tenía tensión y dolor en el cuello como solía sucederle cuando estaba agotado. Lo único que había tomado para cenar era una hamburguesa con patatas fritas en el coche de camino hacia el auditorio, y lo último que deseaba hacer esa tarde era «sentarse a escuchar durante un par de horas a una vidente que lee en las hojas de té» (Por cierto, hace tiempo intenté interpretar las hojas del té. ¿Sabéis lo que veo cuando miro las hojas de té? Las mismas hojas mojadas y carentes de sentido que veis vosotros.)

Si habéis asistido a alguna de mis conferencias, sabréis que antes de la pausa dirijo un ejercicio de meditación en grupo, que es especialmente poderoso cuando hay tres o cuatro mil personas en la sala. Empiezo con la relajación, que sirve de introducción a la meditación, cuya dirección dependerá del tema de la charla, o de la atmósfera que se respire en la sala. Unas veces los participantes visitan a seres queridos en El Otro Lado, otras conocen a sus guías espirituales, se trasladan a otra vida pasada, o los llevo a una puerta de entrada para descubrir el origen de alguna dolencia crónica física o emocional y ayudarlos a liberarla.

Sucedió que Harry estaba allí una noche que dirigí una regresión a la memoria celular. Él me decía en su carta que, cuando indiqué a la audiencia que se sentara cómodamente sin cruzar las piernas, con los pies bien apoyados en el suelo y las manos sobre la falda con las palmas hacia arriba, «lo primero que pensé fue "estupendo, aprovecharé para echar una cabezadita". No estaba dispuesto a seguir el rollo de hacer una absurda meditación de la que nada sabía y que me importaba todavía menos». Resultó que disfrutó la parte de la relajación porque sin duda la necesitaba, lo cual le animó para seguir escuchando y hacer lo que se le decía siempre que se sintiera bien. Esto le incitó a escuchar mientras yo conducía silenciosamente a toda la audiencia a través de sus vidas y al profundo pasado que las mentes de sus espíritus y células todavía retenían.

«Lo siguiente que recuerdo —decía en su carta— es que estaba sentado a lomos de un caballo con las manos atadas a la espalda y una soga colgando delante de mí. Había muchos hombres a mi alrededor, también a caballo, y no tenía forma de escapar. Era consciente de que estaban a punto de colgarme por matar a un hombre y que era inocente, lo sabía aunque no sé cómo, porque nadie decía nada. Entonces me pusieron una capucha negra en la cabeza; sentí la soga ciñéndose a mi cuello, oí una palmada en las ancas de mi caballo para que echara a correr, y allí me quedé colgando en el aire el tiempo suficiente como para darme cuenta de que se me había partido el cuello.»

Como siempre hago en estas meditaciones regresivas, finalizo con la oración de que toda la memoria celular negativa que los participantes hayan descubierto sea liberada y disuelta en la luz blanca del Espíritu Santo, y después conduzco de nuevo a toda la audiencia al tiempo presente totalmente despierta y renovada y paso a la sesión de preguntas.

«Cuando salí de la meditación —escribió Harry— me di cuenta de que mi cuello había dejado de dolerme, pero pensé que se debía al ejercicio de relajación que acababas de dirigir. Ya han pasado cuatro meses desde aquella tarde, y de momento no me ha vuelto a doler el cuello; era un dolor que padecía desde hacía años y que ya había perdido la esperanza de que se marchara. Todavía no estoy convencido de que me doliera el cuello debido a que fui ahorcado en otra vida, pero sí lo estoy de haberme curado, y por ello quiero darte las gracias. Ahora, si sólo consigues que mi mujer deje de decirme: "Ya te lo decía yo", le diré a todo el mundo que haces milagros.»

He recibido docenas de cartas de personas que padecían alguna fobia, problema emocional o molestia física, que les ha desaparecido después de haber participado en alguna de mis meditaciones en grupo en mis conferencias, y he de añadir que no todas ellas fueron llevadas a la fuerza. Con esto no pretendo decir: «¿No os parece que soy sorprendente?». De lo que se trata es de enfatizar el hecho de que no es necesario ser hipnotizado, ni tienes que ser un experto en técnicas de meditación, ni tan siquiera saber algo de las mismas; tampoco has de creer en las vidas pasadas, o tener alguna opinión al respecto, para experimentar una sanación celular satisfactoria. He de admitir que existen algunos aspectos sorprendentes al respecto. La memoria celular es increíble. Las curaciones son sorprendentes, pero lo más extraordinario es la milagrosa combinación de Dios y de nuestra actitud abierta para recibirle, que es lo que obra los milagros de las sanaciones.

Si, por una parte, realmente sientes que te beneficiarías más con una hipnosis regresiva privada, me alegro poder comunicar que esa oportunidad es ahora un poco más viable que hace un año o dos. Tal como he dicho antes, la longitud de mi lista de espera para lecturas psíquicas me horroriza, y seguiré buscando formas para remediarlo hasta que lo consiga, lo prometo. Pero, aunque no pueda formar a mis colaboradores y personal para que sean videntes, sí he formado a algunos de ellos para que sean expertos hipnotizadores diplomados que están haciendo un gran trabajo de regresión. Dos de ellas, Tina Coleman y Linda Potter han empezado a viajar por todo el país para hacer regresiones por encargo, y os quiero animar a todos a que llaméis a mi consultorio o que visitéis mi página web, cuya dirección está al final de este libro, y allí encontraréis los detalles sobre los horarios de Tina y Linda. Nunca las recomendaría si no les hubiera enseñado personalmente, hubiera visto cómo trabajan, y si no las apreciara y confiara en ellas de todo corazón.

Hallar tu propio camino de regreso

De lo que he dicho anteriormente, quiero volver a aseguraros que todos podemos realizar eficazmente nuestra propia regresión de curación en el momento en que más nos convenga. Podemos confinar nuestro viaje al pasado de esta vida o retroceder hasta cualquier otra existencia. Podemos hacerlo a la velocidad que nuestro grado de comodidad nos lo permita, así como en privado o con un reducido grupo de seres queridos dispuestos a cooperar. En las páginas siguientes os iré conduciendo a través de ese viaje, no sin antes aclarar algunos puntos.

La importancia de las luces y de los colores

A medida que progrese vuestro viaje de sanación al pasado, se te pedirá que visualices luces de distintos colores. Los colores no están elegidos al azar. Cada uno de ellos tiene su significado, y cuanto más vívidos y claros los imaginemos cuando van apareciendo en la meditación, más eficaz será la experiencia. Haz que cada color sea resplandeciente, vibre, esté vivo como si respirara por sí solo y estuviera latiendo, de modo que puedas sentir una calidez rejuvenecedora, reconfortante y tranquilizante con su presencia.

El *blanco* es pureza y limpieza, la luz brillante sagrada del Espíritu Santo. La luz blanca nos protege, nos envuelve en la gracia del amor incondicional de Dios y repele cualquier oscuridad que intente aproximarse a ella.

El *azul* es el color de la tranquilidad y de la conciencia elevada. Abre la mente, el cuerpo, el espíritu y el corazón a toda la sabiduría positiva que traemos con nosotros desde nuestro pasado infinito a esta vida, y apaga el estruendoso ruido terrenal que nos separa de la bendita verdad de nuestra propia inmortalidad.

El *verde* es sanación. Vigoriza, da poder y excita. Envía un rico flujo de sangre a todos los órganos, células y moléculas vivas del cuerpo, curando y renovando todo lo que toca a su paso por el interminable camino otorgador de vida.

El *dorado* es el centellante y espléndido regalo de la dignidad divina, un don que podemos repartir indiscriminadamente, pero que jamás nos podrán arrebatar en contra de nuestra voluntad. El color oro es una cabeza bien alta y una mano extendida universalmente para ofrecer el mismo respeto que exige, un corazón generoso tan seguro de su amor por su Creador y de que es correspondido por él mismo que no puede concebir la mezquindad o ser desagradable con nadie con quien comparte el valor de emprender este breve y duro viaje de regreso al Hogar.

El *púrpura* es la clave del pasado y del futuro, quien levanta el fino velo que oculta nuestra visión de la inmortalidad. La real luz púrpura nos vincula con nuestro sagrado derecho al nacimiento como hijos de Dios y, con mayor claridad que ningún otro color en el espectro, nos concede el valor repentino para entrar en la dimensión eterna donde se encuentra nuestra historia y nos enfrentamos con coraje a todo lo que hemos sido, a todo lo que conocemos y a lo que todavía nos queda por aprender, mientras nuestro espíritu se expande e intenta alcanzar nada más ni nada menos que el potencial más elevado que Dios nos proponía. En el resplandor de la luz púrpura celebramos reverentemente el milagro de nuestro linaje soberano, y sabemos en lo más profundo de nuestro ser que nuestra Madre y nuestro Padre pueden oír nuestro agradecimiento por la respiración, la verdad, el honor y el sentido de las vidas eternas que nos han concedido y que estamos descubriendo.

La utilización de velas

Por supuesto que las velas no son necesarias para una regresión, y no existe vela en el mundo que tenga poder por sí sola. Pero además de fomentar la paz, la calma y la atención, suponen dos ofrendas significativas a la atmósfera de santidad que todo reconocimiento de la mente del espíritu y de la memoria celular merece.

Una es la propia fuerza de los rituales que nos han precedido durante miles de años, rituales donde las velas eran elementos muy preciados, estimados recordatorios de la luz de Dios que hay en el interior de cada uno de nosotros, llamas tan blancas y puras como el Espíritu Santo que simbolizan. Encender una sencilla vela en honor a Dios es recrear un gesto que ya adoptaron nuestros antepasados hace innumerables generaciones, y con ese pequeño acto ocupamos orgullosos nuestro lugar entre ellos.

El otro aspecto es el menos conocido, pero igualmente valioso: mientras en el mundo del espíritu no existen luces eléctricas, sí se puede ver la llama de una vela y se crea una atracción hacia la misma. Cuando viajamos hacia atrás en nuestra propia historia, atrae a los seres queridos, a los enemigos y a demás seres importantes de otros tiempos y lugares, y nos confiere una gran riqueza en nuestro viaje, con la gracia añadida de la perspectiva que transforma el conocimiento en una comprensión verdadera.

A todos mis clientes las velas les resultan de gran ayuda durante las regresiones, del mismo modo que a mí me gusta incluirlas en mis meditaciones privadas. Los significados de los colores utilizados en las regresiones pueden servir de guía para los colores de las velas que quieras tener a tu alrededor para esta experiencia: una vela blanca para conseguir la pureza protectora del Espíritu Santo, una vela azul para calmarte y sensibilizar tu mente para que pueda captar los más ínfimos detalles del viaje, una vela verde para la sanación que se producirá tras liberar los recuerdos celulares negativos que puedas encontrar, una vela dorada para que podamos ver cada paso que hemos dado y la vida que hemos vivido, con la dignidad compasiva de un adulto que observa a su hijo cómo empieza a andar con dificultad pero con resolución, y por supuesto una vela de color púrpura real para representar al Creador, cuyo amor incondicional nos protegerá y sacralizará, no por nuestras imperfecciones, sino por nuestro valor para afrontarlas y negarnos a conformarnos con menos que nuestro potencial más elevado y sublime.

Grabar y tomar notas

En lugar de esforzarte por recordar cada paso de la meditación y de la regresión, sin duda obtendrás más beneficios de la experiencia si grabas las tres secciones que vienen a continuación, o si tienes algún amigo o amiga con voz agradable y relajante que te las grabe. Quiero que todo este proceso se refiera a *ti*, así como el flujo ininterrumpido de intensidad que se creará y se hará más profundo a medida que vayas avanzando. Lo que no quiero es que cuando estés llegando a un momento de relajación, de pronto tengas que parar para recordar qué viene a continuación.

Si grabas la regresión o tienes alguna persona de confianza que tome notas, verás que te resulta muy útil. Es imposible dejar a la mente de tu espíritu en libertad y meterse de lleno en sus recuerdos si tu mente consciente está demasiado atenta intentando memorizar todo lo que dices. De hecho, cuanto más puedas evitar a tu mente consciente, más completa será esta experiencia para ti. Del mismo modo que ningún cliente sale de mi consultorio o cuelga el teléfono tras una consulta telefónica sin una cinta con todo lo que ambos hemos dicho, no me gustaría que al cabo de unos días o semanas de tu regresión descubrieras que tu enredada, ocupada y engañosa mente consciente ha perdido detalles bajo montones de trivialidades.

La actitud del observador

Te volveré a recordar esto durante la regresión, porque es muy importante: aunque quiero que sientas toda la fuerza de cada momento agradable, feliz y encantador con el que te encuentres en tu historia, también quiero que te mantengas a una distancia prudencial de cualquier cosa aterradora o dolorosa a la que tengas que enfrentarte. No es una cobardía negarse a revivirlo. Adopta una postura de «ya he pasado por esto y con una vez basta», asegúrate de que con una vez ha sido suficiente, y ordénate pasar a la «actitud del observador», que sencillamente significa alejarse y observar el acontecimiento en lugar de volver a experimentarlo. Algunos hipnotizadores regresivos parecen hallar una extraña satisfacción al observar a sus clientes retorcerse con la agonía de un recuerdo duro. Que yo sepa, revivir el dolor con esa intensidad no tiene ningún efecto que merezca la pena, y si tampoco te va a ayudar a ti, ¿por qué tienes que pasar por ello?

De modo que, a medida que avanzas en tu regresión, además de los recordatorios que suelo dar, ten la certeza de que inmediatamente sabrás decir «vuelve a la posición del observador», y que responderás como es debido; eso te ayudará a alejarte de la experiencia dolorosa de tu pasado y a verla del mismo modo que verías una película en tu casa. Si hay otra persona contigo mientras haces la regresión, dale la misma orden para que la use cuando vea que te asustas o entristeces demasiado.

Paciencia

Nunca repetiré bastante lo importante que es no sacar conclusiones precipitadas ni tener expectativas en los ejercicios de regresión. No existe el «soy un experto en ellos» o «no soy bueno», ni el «demasiado rápido» o «demasiado lento», ni número máximo o mínimo de veces que «necesitarás» para tener «éxito». El mero hecho de probarlo ya es un éxito. De cada intento obtendrás algún beneficio, tanto si sacas al descubierto y liberas algunos recuerdos celulares ocultos durante mucho tiempo como si sólo te ha servido para gozar de un rato de concentración y relajación.

Sin presiones, sin estar demasiado pendiente, sin esas tonterías de respuestas «verdadero» o «falso». Sea cual fuere la cantidad de tiempo que puedas dedicarle, te pertenece por completo. Exígela, reclámala, acógela, y ni se te ocurra emplear ni un segundo de la misma preocupado de que puedes «fallar». En este glorioso proceso, preocuparse por el fracaso significa preocuparse por algo que es imposible que suceda.

La meditación y la regresión de la sección que viene a continuación están divididas en tres partes, según las metas personales que te hayas fijado para la experiencia. Es importante que las realices en el orden que las he escrito, pero quiero que quede claro que es importante que las hagas a tu propio ritmo hasta que te sientas cómodo con ellas. Si en algún momento te interrumpen o tu mente se dispersa hasta el punto que no puedes volver a seguir el hilo, está bien, no sigas. Nadie te va a poner nota. Mi único recordatorio para cuando vuelvas a intentarlo es que no lo retomes donde lo dejaste. Empieza de nuevo, recordando que este es un proceso que se construye gradualmente. Al igual que cualquier ejercicio físico bien hecho —y esto es sin duda un ejercicio para tu mente y tu espíritu—, es importante hacer un calentamiento antes de empezar.

La primera parte es un ejercicio de relajación. Es un estupendo ejercicio de base para las futuras regresiones, pero también se puede utilizar por sí solo, pues es una maravillosa forma de tranquilizarte, aliviar el estrés, recogerte después de un duro día de trabajo o prepararte para una jornada intensa. Puedes estar el rato que te apetezca o, si tienes práctica, sólo unos momentos. Mi sueño es dedicar cada día una hora o dos a la relajación y a la meditación. En la realidad, tengo suerte si puedo encontrar cinco minutos. Sé que a muchas personas les sucede lo mismo. Por eso, créeme, este ejercicio funciona aunque lo hagas mientras te duchas por la mañana, en el coche cuando vas a trabajar, o en el momento de acostarte antes de quedarte dormido.

La segunda parte es un viaje al pasado de esta vida. Algunas personas tienen preguntas muy legítimas y urgentes respecto a los acontecimientos de esta vida, y, tal como hemos visto, muchos de los recuerdos celulares, buenos y malos, son de la vida actual. Hay personas que no creen en la reencarnación, y yo no tengo el menor interés en conseguir creyentes, por muy convencida que esté de mi creencia. En cualquiera de los dos casos, se pueden obtener grandes beneficios simplemente completando la primera y la segunda partes y deteniéndose allí.

La tercera parte es el puente hacia tus vidas anteriores y a los secretos que encierra la memoria celular que traemos de esas vidas. Es un viaje magnífico, fascinante, lleno de colorido y de información, tanto si lo aceptas como un hecho como si lo ves con una mente abierta curiosa y escéptica. Tendrás flashes de un pasado que jamás imaginaste que existiera, resolverás misterios sobre ti mismo y descubrirás otros, y verás por qué, mientras toda vida pasada que hayas desvelado realmente terminó, ni una sola vez has experimentado un final al que erróneamente llamamos «muerte».

Tanto si exploras sólo la primera parte, sólo la primera y la segunda, o las tres, deseo que te cures, y te deseo una larga reunión con toda la felicidad y el amor que has encontrado desde que Dios infundió la vida en tu eterno y sagrado espíritu. Con todo mi corazón rezo para ti: que todo el dolor y la negatividad que retienes del pasado en la mente de tu espíritu y en la memoria celular sean liberados y disueltos para siempre en la luz blanca del Espíritu Santo y que sean substituidos por salud, júbilo, y un constante estado de conciencia de que los brazos de Dios te rodearán durante el resto de tu productiva, compasiva y eterna existencia.

Relajación

Estírate, o bien siéntate confortablemente en una silla, lo que te resulte más cómodo. Aflójate o sácate cualquier prenda u objeto que te dificulte lo más mínimo la respiración y el movimiento, o que te distraiga de algún modo. Si has escogido estirarte, no cruces las piernas. Si estás sentado, asegúrate de que las plantas de tus pies están tocando al suelo. En cualquier caso, deja que tus manos descansen sobre las piernas con las palmas hacia arriba, en un gesto de relajada apertura y de voluntad de recibir la gracia, la energía y la sanación de Dios.

Cierra suavemente los ojos, dejando fuera todo lo que te rodea, salvo la afirmación relajante de estas palabras y la voz de confianza que las pronuncia para atravesar tu sedienta mente consciente y entrar en tu sabio, amado y afable espíritu. Imagina la luz blanca y pura del Espíritu Santo que aparece como un velo divino justo por encima de ti, y mientras lo haces, haz tres respiraciones lentas y profundas: inhala, exhala, inhala, exhala, inhala, exhala. En las dos primeras siente el velo de luz blanca acercándose a tu mente, y en la tercera siente que se ha colocado sobre ti como si fuera una cálida y suave manta de seda hilada, que te cubre con el silencioso regocijo que sólo la fe te puede ofrecer.

Tu respiración permanece profunda y rítmica mientras toda tu atención se va trasladando hacia los pies. Siente la planta de tus pies, el empeine, cada uno de los dedos, cada hueso y músculo, y pronto serás consciente del vivificante y relajante flujo sanguíneo en cada célula y poro hasta que en *cada nueva respiración sientas que la tensión de las plantas se afloja, que los músculos contraídos del empeine se relajan, que cada pequeño hueso de los dedos se siente aliviado por la cálida vibración de la circulación, hasta que casi puedas sentir que tus venas se ensanchan para recibir con agradecimiento la vida que corre por ellas. El dolor se disuelve. El estrés desaparece. La bendición de la salud entra en ti como una lluvia fresca que nutre una tierra agrietada.*

Poco a poco el alivio, la liberación, la calidez y la tranquilizante oleada de vitalidad empiezan a recorrer tus tobillos, tus pantorrillas, los huesos de las rodillas y los largos músculos de los muslos.

Sientes una pulsación renovadora en todos los órganos, tendones y músculos, en cada célula de la pelvis y del estómago. Tu columna se estira estremeciéndose de vida. Tus pulmones se limpian con aire fresco, puro y de dulce olor. Tu corazón late con la fuerza de un niño feliz, y sientes esa misma fuerza que bombea su calor hacia los hombros, desciende por los brazos y llega a cada dedo de la mano, hasta que se aflojan con el alivio de esta silenciosa y tierna atención.

El calor súbito y purificador se abre camino a través de tu cuello y mandíbulas, donde se ha acumulado gran parte de la tensión. Uno a uno, los músculos se relajan y se aflojan, exhalan, se liberan, se sueltan, se descargan y están en paz. Tu boca también empieza a sentir esa sensación, se afloja, la tensión allí acumulada se desvanece como una sombra pasajera, sin dejar rastro. La frente se relaja como si una refrescante, suave y adorable mano la estuviera acariciando, y esa misma mano se desplaza para cubrirte los ojos con la ternura sanadora de Dios.

Mientras que la mano de Dios permanece sobre tus ojos, utilizas la profunda oscuridad para visualizar un cielo aterciopelado de color azul oscuro sin estrellas, y aparece un diminu-

to orificio de luz dorada. *Tu atención se traslada desde tu cuerpo relajado hasta esa diminuta luz. La miras fijamente, te cautiva, eres consciente de que es un indicio de la sabiduría sagrada, de la dignidad santa de tu divino linaje, y una prueba absoluta de la eternidad que Dios te otorgó en el momento de tu creación.*

El diminuto punto dorado de luz empieza a latir, a estar vivo, dirige el todavía fuerte latido de tu corazón. Tu respiración se mueve al compás de la luz, y con ella empiezas a despegarte de todos los dolores que has sentido a lo largo de tu existencia, de toda angustia, ira, desprecio, herida física o emocional, y sabes con certeza que has aceptado todas las lecciones que has aprendido de ese sufrimiento y que el resto ya lo puedes abandonar. No forma parte de ti, no te sirve y te das permiso para abandonarlo. Cuanto más sientas que ese dolor se eleva como si fuera un vapor inofensivo que emana de tus células, cuerpo, mente y de tu espíritu sabio e infinito, más empezará a crecer el diminuto punto dorado, desbordándose de vida, haciéndose cada vez mayor y colocándose justo encima de ti, con sus rayos danzando en la gozosa celebración que compartes con el Creador.

De pronto, en silencio, la ahora enorme, resplandeciente y vibrante luz explota contra el cielo azul oscuro, fuegos artificiales celestiales de oro que envían una centellante lluvia de estrellas que flotan como un tórrido, sanador y relajante polvo dorado que se deposita sobre tu rostro, tu pelo, tus hombros, tus brazos, tus pies, cada poro y célula de tu piel, hasta que brillas con vitalidad, tu cuerpo renace, tu espíritu se purifica y revive para afrontar los retos que le han traído aquí, para seguir siendo fuerte, valeroso e inspirado en el eterno futuro, en el eterno pasado, dondequiera que la sagrada mano de Dios le conduzca para hallar su destino más sublime.

El viaje hacia atrás en esta vida

Tu piel todavía brilla por la lluvia de estrellas, tu cuerpo está rebosante de poder y de energía, y tu mente está tan clara y expandida como un cielo sin nubes que está pasando del azul oscuro de la noche a los tranquilos y cautivadores tonos pastel del amanecer. Te das la vuelta y te encuentras ante un espeso bosque de frondosos árboles verdes, que se extiende hasta donde alcanza tu vista.

Todavía tienes los ojos cerrados mientras los mueves hacia arriba como si estuvieras enfocando el caballete de la nariz, sólo durante unos segundos, hasta cinco. Esto te envía a lo más profundo de la mente de tu espíritu, donde una inmensidad de recuerdos y de sabiduría están esperando ser descubiertos de nuevo.

Vuelve a relajar los ojos y descubre que en esos breves momentos, los árboles se han dividido dando paso a un hermoso, estrecho e interminable sendero que conduce al bosque. Estás dubitativo, pero la fragancia de los pinos, los rayos de luz solar dorada que producen reflejos a través de las exuberantes hojas verdes, aumenta la sensación de que el camino no es del todo desconocido y te invita a seguir adelante. La luz blanca del Espíritu Santo que te rodea resplandece en todo su esplendor a medida que invocas valor para emprender esta senda sin temor y con la voluntad de aprender sus lecciones con la adorable y compasiva paciencia que Dios te ha dado.

Caminas hacia delante y desapareces en la gloriosa inti-

midad de los gruesos árboles verdes, y en unos momentos te encuentras en un tranquilo claro donde se está proyectando una escena de cuando tenías veinte años con toda suerte de detalles. Y tú, ahora de pronto, de nuevo con veinte años, te introduces en la misma. Si no aparece una escena inmediatamente, ten paciencia. Espera, recuerda que una vez tuviste veinte años y pregúntate qué es lo que pasaba en tu vida por aquel entonces. ¿Qué es lo que ves: el primer día en un nuevo trabajo, un cumpleaños, unas Navidades, una fiesta de la universidad, un piso en el que habías vivido? Si todavía no ha aparecido nada, relájate. Llegará en su momento; quizá algún pequeño detalle, como un coche que tuviste, una película o canción favorita, un programa de televisión, hará que revivas una escena. Miras a tu alrededor, observando todos los colores, olores, rostros, lo que llevas puesto, tu peinado y sobre todo, cómo te sientes. Si el recuerdo es agradable o si simplemente te das cuenta de que te sientes sano y joven, revívelo, acógelo, sumérgete en él. Si el recuerdo te pone triste por algún motivo o si a esa edad tenías algún problema físico o mental y se te está reproduciendo ahora, sencillamente obsérvalo sin dejar que la escena penetre en tu psique. Mientras permaneces allí, consciente de tu gran habilidad para acceder a tu pasado, ofrece una plegaria: «Que toda la vitalidad, paz y seguridad que mis células recuerdan de mis veinte años permanezcan conmigo y renueven mi cuerpo y mi espíritu hoy y para siempre. Pero que toda negatividad, consciente o inconsciente, que llevo acarreando desde los veinte años, se disuelva en la luz blanca del Espíritu Santo que me rodea, en el presente, en el futuro y durante toda mi feliz, saludable, productiva e innovadora vida espiritual».

Te apartas de esa escena y regresas al sendero en el bosque, caminas por él con más fuerza y coraje, rejuvenecido por tu visita a tus veinte años. Los dorados rayos solares oscilan a través del curativo verde que roza suavemente tus cálidos y desnudos brazos instándote a seguir avanzando. Te deleitas en la belleza que te rodea, sin prisas. Los pájaros cantan, te sientes a salvo, protegido y en paz, y no hay ningún otro lugar donde te gustaría estar en este silencioso y gratificante momento. Aparece otro claro en el bosque y avanzas con seguridad hacia él.

Una escena de cuando tenías diez años se ha conservado perfectamente, está aguardando tu llegada y en un instante vuelves a tener diez años. Otro cumpleaños, otras Navidades, un buen amigo, el primer día de escuela, tu dormitorio, tu mascota favorita, una lección de música, algún acontecimiento, por trivial que sea, está allí para ti, con la misma realidad que el día en que sucedió. De nuevo, si no aparece nada, ten paciencia y deja que tu mente consciente te ayude. ¿Qué aspecto tenía tu escuela? ¿Dónde vivías? ¿En qué curso estabas? ¿Quién era tu profesor? ¿Cuál era tu asignatura favorita o tu juego predilecto en la hora de recreo? ¿Cuál era tu comida favorita o tu juguete preferido? Cualquier detalle, por minúsculo que sea, es todo lo que necesitas para revivir una escena y participar de ella en la medida que te dicte tu paz mental. Explora, obsérvalo todo. Toda la felicidad te pertenece y puedes guardarla, y toda tristeza o sufrimiento es tuyo sólo por el valor que tiene para recordarte que fuiste fuerte y lo bastante resistente para sobrevivir al mismo. Dale las gracias a Dios por todo, por la felicidad que celebraste y por lo que te ha enseñado el sufrimiento al que has sobrevivido, y luego, tras darle las gracias, continúa con la plegaria: «Que toda la vitalidad, paz y seguridad que mis células recuerden de mis diez años permanezcan conmigo y renueven mi cuerpo y mi espíritu, hoy y para siempre. Pero que toda negatividad, consciente o inconsciente, que llevo acarreando desde los diez años, se disuelva en la luz blanca del Espíritu Santo que me rodea, en el presente, en el futuro y durante toda mi feliz, saludable, productiva e innovadora vida espiritual».

Tras quedarte todo el tiempo que te apetezca, abandonas la escena y sigues avanzando por el camino, sientes que tu energía aumenta, y a cada paso crece tu entusiasmo; estas reuniones y descubrimientos te fascinan, y cualquier carga pasada innecesaria ha desaparecido. Sabes que estás a salvo, que estás protegido de cualquier cosa, sabes que la mano de Dios está asiendo la tuya, y que Él no permitirá que te pase nada. Ahora observas lo que sucede en el siguiente claro y tu paso se acelera. Tu mente consciente se burlará de ti por considerar todo esto imposible, pero ahora quien manda es la mente de tu espíritu: imparable, anhela su historia, sabe que la mente consciente proclama que cualquier tipo de milagro es imposible, y luego tiene que permanecer en un humilde silencio de asombro reverente cuando los milagros se hacen realidad.

En el siguiente claro se representa el momento de tu concepción, cuando tu espíritu entró en el útero de donde nacerá el cuerpo de esta vida. Del mismo modo que tu espíritu recuerda todo lo que le ha sucedido, también puede acceder a este recuerdo. No pienses. Simplemente acepta las imágenes que aparezcan y con paciencia llegará. Puede que no estés totalmente seguro de eso, pero sientes curiosidad y no puedes evitar echar al menos un vistazo a ese claro que ahora se encuentra justo detrás de esos árboles.

Al principio no ves más que oscuridad, así que avanzas hacia el claro. Un suave viento hace que las ramas de los árboles que tienes detrás choquen entre ellas y, sin temor, te das cuenta de que estás completamente rodeado de oscuridad. Estás flotando, te sientes seguro, no hay ningún sonido salvo el minúsculo y afirmativo latido de tu perfecto corazón. Al final, puedes vislumbrar tus diminutas manos, tus diminutos miembros y pies moviéndose como sombras en toda esa oscuridad.

Sabes dónde estás, sabes que se te ha pedido que estés ahí. Sabes que estás en un breve viaje fuera del Hogar y que pronto serás lanzado de nuevo al duro e imperfecto mundo denominado Tierra. En tu último momento en El Otro Lado antes de partir, sentiste el toque de Dios en la forma de un adorable beso en tu frente, y aunque ya con añoranza te preparaste para esta nueva aventura que elegiste y planificaste, ahora reza: «Que toda la vitalidad, paz y seguridad que mis células recuerdan de El Otro Lado permanezcan conmigo y renueven mi cuerpo y mi espíritu, a través de mi nacimiento y para siempre. Pero que toda negatividad, consciente o inconsciente, que llevo conmigo, se disuelva en la luz blanca del Espíritu Santo, que es mi sagrada compañía en este familiar y seguro útero, en el presente, en el futuro, y durante toda mi feliz, saludable, productiva e innovadora vida espiritual. Amén».

El viaje a vidas pasadas

Te entretienes en la oscuridad sin temor hasta que de pronto percibes la presencia de una luz brillante de color púrpura detrás de ti. Te giras para verla y descubres que es tan espléndida, poderosa y omnipresente que ciega todo lo que tienes a tu alrededor. Pero también es poderosa, está llena de amor, sabiduría y de la compasión más sublime. Con asombro reverente, sabiendo que estás en un lugar seguro, te diriges hacia ella y la atraviesas con júbilo al sentir la tangible presencia de Dios en ese espléndido, sacro y exquisito resplandor púrpura.

Se abre un túnel en el centro de la luz púrpura. En el resplandor puedes ver el interior de sus brillantes paredes grabadas en oro, hermosas e intrincadas, relajantes y silenciosas. Tus pies cruzan con presteza el umbral y al instante empiezas a moverte, deslizándote por el exuberante túnel, y te das cuenta de que estás viajando hacia atrás en el tiempo, pasas el momento de la concepción que has experimentado antes, vas cada vez más hacia atrás, más allá de vidas y acontecimientos que tu espíritu ya ha resuelto, mientras una voz en tu interior te dice: «Ve al punto de entrada de tu recuerdo celular más doloroso y apremiante». Lo entiendes perfectamente.

Esa misma luz magnificente de color púrpura que te ha enviado al principio del túnel te da la bienvenida al final del mismo, iluminando un vasto y luminoso mapa del mundo en color. Esa misma voz en tu interior te dice: «Dondequiera que esté mi primer punto de entrada, pueda mi mano, por la gracia de la memoria celular y de la mente de mi espíritu en pro

de su sanación, encontrar ese lugar en este mapa». Sin pensar
en ello o sin tan siquiera mirar el mapa, deja que tu mano
guiada por tu espíritu señale el lugar. Luego mira para ver ese
punto específico donde tu dedo ha aterrizado y con fe y acep-
tación di: «Le pido a mi espíritu que me lleve a este lugar significativo que recuerda para que pueda ver la vida y el tiempo
que pasé allí».

La mente de tu espíritu, libre y poderosa, al instante te
complace y sin darte cuenta ya estás allí, atrás en el tiempo en
otra vida completamente distinta que una vez fue la tuya, tan
real como la vida de la que estás haciendo una breve pausa.
Miras a tu alrededor para orientarte, demasiado fascinado
como para ser prudente o tener miedo.

A medida que te familiarizas con esta realidad que estás
recordando, tu mente consciente prestará atención sin interrumpir y las respuestas a todas tus preguntas serán inmedia-
tas, sin opiniones, sin correcciones. No hay respuestas inco-
rrectas. Las primeras palabras que salen de tu boca son lo que
cuenta.

¿Dónde estás?

¿Sabes cuál es tu nombre o apellido? Si no lo sabes, no
importa.

¿Qué edad tienes?

¿Eres hombre o mujer?

¿Qué aspecto tienes? ¿Eres alto, bajo, delgado, robusto?
¿De qué color es tu piel, tu pelo, tus ojos? ¿Qué ropa llevas, si
es que llevas? Si te cuesta obtener una imagen clara de ti mismo, busca una forma de ver tu reflejo, en un espejo, en un
vaso que tengas delante, en un estanque o río, en un metal o
en una ventana, y simplemente describe con detalle lo que ves.

¿Qué año es?

¿Dónde vives?

¿Vives solo?

Si no es así, ¿quién vive contigo? ¿Hay alguien cerca de ti a quien conozcas en la vida en la que te has introducido? ¿Qué relación tenías con esas personas entonces y qué relación tienes con ellas ahora?

¿Estás sano o enfermo?

Si estás enfermo, ¿que enfermedad o herida padeces? ¿Cuándo empezó?

¿Es una vida feliz o desgraciada?

Si es feliz, ¿cuál es la causa de esa felicidad? Si eres desgraciado, ¿cuál es la causa?

¿Cuál es el tema de tu vida en esa vida?

¿Cuál es la mejor parte de esa vida?

¿Cuál es la peor?

Eliges este momento que estás visitando, entre toda una historia ilimitada y eterna, para que te revele el punto de entrada a tu recuerdo celular más difícil. ¿De qué trata este momento, esta circunstancia o acontecimiento que te ha afectado tanto? ¿Qué te ha conducido a él y qué es lo esencial que has de aprender del mismo?

Una vez más, no es momento de hacer rectificaciones ni de juzgar. Sencillamente habla. Di cualquier cosa, todo lo que se te ocurra. Tu espíritu lleva mucho tiempo esperando esta oportunidad para descargarse, y para ello envía mensaje de sanación a las células de tu cuerpo.

Cuando estés preparado, y nunca antes, quiero que empieces a descargar toda esta vida que estas reviviendo. ¿Dónde estabas un año después de este punto de entrada? ¿A los cinco años? ¿A los diez años? ¿Durante todo el tiempo que duró esa vida?

Ahora quiero que vayas a esos momentos antes de tu «muerte» en esa vida. Lo primero y lo más importante es que observes que todos los miedos respecto a la muerte y la aniquilación son infundados, porque aunque te estás observando a ti mismo «morir» en una existencia anterior, sigues aquí para poder verlo años, décadas, incluso siglos después, y sigues siendo tú.

Una vez que ese punto te ha quedado indiscutiblemente claro, contempla esa «muerte». Si es demasiado tenebrosa o dolorosa, simplemente obsérvala como un buen reportero objetivo.

¿Qué enfermedad o herida ha provocado esa muerte?

¿Dónde estás?

¿Quién está contigo, si es que hay alguien?

¿Estás contento de abandonar esa vida o no quieres marcharte?

En esos últimos momentos, ¿eres consciente de la gozosa realidad de que estás a punto de regresar a tu Hogar en El Otro Lado?

Y ahora, justo cuando el túnel empieza a aparecer para llevarte al Hogar, quiero que ese instante quede congelado, como si estuvieras «congelando una imagen» en una cámara de vídeo y reces esta oración:

«Querido Dios, te doy las gracias por el valor que me has dado para enfrentarme a ese momento en esa vida que sucedió hace mucho tiempo, cuando la mente de mi espíritu y las células de este cuerpo asumieron una carga que vengo llevando desde entonces. En ese momento de mi muerte en esa misma vida, por favor permite que esa carga y todas las demás negatividades que llevo conmigo se disuelvan en la bendita luz blanca del Espíritu Santo, entonces, ahora y siempre, de modo que pueda dedicar mi gozosa y eterna libertad incondicional a tu servicio para el resto de la feliz, saludable, productiva e innovadora vida espiritual que me has dado».

Por último cuando estés listo para volver, quiero que regreses a este cuerpo y vida actuales al contar lentamente hasta tres, relajado, en el punto culminante de bienestar, fe y paz mental, habiendo liberado la carga de la mente de tu espíritu de modo que pueda limpiar tus células de la oscuridad restante y elevarse eternamente en el amor de Dios.

Uno. Abre los ojos lentamente.

Dos. Estás renovado y radiante, lleno de vitalidad, levanta la cabeza.

Tres. Estás totalmente despierto y lleno de energía; a partir de ahora da las gracias a Dios y a ti mismo por el nuevo comienzo que te has concedido al abrir tu mente y tu corazón a los secretos ocultos de tu memoria celular.

Los tres pasos de esta meditación se pueden utilizar para muchos fines, y se pueden modificar mediante la inclusión de imágenes que se acerquen a tu corazón y te ayuden a hacer un viaje al pasado con la mayor realidad posible. Puede que quieras explorar talentos especiales que has tenido en otras vidas. Puede que quieras revivir tu primer día de vida. Puede que quieras trasladarte a una vida anterior para ver cuándo, dónde y cómo has conocido a un amante o enemigo actual.

Sin embargo, con lo que realmente te animo a empezar es por este ejercicio de limpieza y renovación y a repetir alguna versión del mismo una o dos veces al mes. La memoria celular es poderosa. Puede trabajar a tu favor o en tu contra; la elección está en tus manos, lo cual te hace más poderoso de lo que jamás ha sido la propia memoria celular. Lo único que has de tener claro es que existe y de dónde procede, y luego, con la ayuda de Dios, limpiar lo negativo y acoger lo positivo, y casi inmediatamente, te lo prometo, observarás que disfrutas mucho más cada día de la aventura de esta vida que has elegido.

EL CENTINELA

Una vez que te has liberado de las cargas físicas y emocionales de tu memoria celular, querrás seguir libre y en guardia contra cualquier nueva enfermedad y negatividad que intente interferir en tu recién hallado bienestar. Una de las formas más sencillas y que lleva menos tiempo es una visualización que mi espíritu guía Francine me ha enseñado; ella la llama el centinela.

El centinela es simplemente la imagen de una persona, hombre o mujer, lo que tú prefieras, de aproximadamente 30 centímetros, armada para la batalla, de pie mirando directamente a tu plexo solar, desde el esternón hasta el abdomen. La imagen que yo empleo es la de un hombre vestido de gladiador, con escudo, casco y lanza de oro, vestido de color púrpura y vigilando; un guardián simbólico, resplandeciente en la luz blanca del Espíritu Santo. Varias veces al día dedico unos momentos para visualizar esta imagen.

Puedes invocar al centinela siempre que lo desees, cerrando los ojos e imaginándolo en su sitio, espada en mano y en guardia, dispuesto a derrotar cualquier negatividad que te aceche. Pero el centinela es especialmente eficaz tras tu meditación de limpieza celular, cuando estás más fuerte, puro, sano y lleno de energía. El centinela puede ser tu secreto mejor guardado; créalo como recordatorio de Dios, de tu espíritu guía, de tus ángeles y de los espíritus de tus seres queridos de esta y de otras vidas que te han ayudado y protegido en cada minuto de cada nuevo día; lo único que has de hacer es ser consciente.

Al unirte al centinela y al resto del ejército secreto, por favor ten presente que cada nuevo paso de liberación que des durante el resto de tu feliz, saludable, productiva e innovadora vida espiritual, mis plegarias más sinceras estarán contigo.

La bendición: una oración para sanarse

Querida Diosa Madre o querido Dios Padre:

Te pido tus bendiciones para tener una mente sana, un alma firme y un cuerpo físico fuerte, pues yo mismo soy una trinidad que refleja a la Trinidad. Con ello recojo cada crisol o copa y la lleno hasta el borde, para que mi cuerpo físico esté bien. El pozo, el agua que mana de la fuente eterna, es Azna, Diosa Madre. Al igual que una madre nutre a su hijo, la Madre Azna me nutre a mí.

Estaré bien; estaré en forma, tendré una mente, un cuerpo y un espíritu fuertes y un alma muy elevada.

Nada me invadirá. Ninguna oscuridad conquistará mi mente.

Tendré la figura del centinela que me protegerá contra cualquier enfermedad, germen, fiebre o desgracia.

Tendré un cuerpo, una mente y un alma sanos hasta el final de mi vida, y luego, con dignidad, regresaré a mi Hogar.

Pido protección en el amor del Dios Padre y Madre, que el Espíritu Santo descienda cada día sobre mí. Y que ese amor tan fuerte me proteja de cualquier arma o flecha que pueda venir desde la oscuridad invasora.

Si ya estoy enfermo, lo negaré. Me pondré en las manos de la Bendita Azna para que me abrace, para que me ayude a sentirme bien, para que me cure y me sienta pleno.

Si arrastro una enfermedad de otra vida, que sea liberada ahora en la luz blanca del Espíritu Santo que me envuelve.

Pido esto en el nombre del Padre, o de la Madre, del Espíritu Santo y del Hijo.

Amén.

Sobre la autora

Sylvia Browne lleva casi medio siglo trabajando como vidente. Es autora de *Blessings form The Other Side,* así como de los número uno en ventas del *New York Times, The Other Side and Back* y *Life on The Other Side.*

Puedes obtener más información sobre Sylvia Browne en su página web:

www.sylvia.org